소중한 마음을 담아

_____ 님께 드립니다.

* 이 책은 다음과 같은 분들을 주된 독자층으로 생각하여 쓴 책임을 알립니다.

1. 어린 자녀(특히 취학 전 자녀)를 둔 엄마 또는 아빠
2. 출산을 앞둔 예비엄마 또는 예비아빠
3. 신혼부부 또는 결혼을 앞둔 예비부부

이외에 재무설계의 영역 중 자녀의 대학자금 마련 설계와
노후자금 마련 설계에 관심이 있는 독자분들

고경호
국제공인재무설계사(CFP)
돈관리 코칭연구소 소장

2009년 1월,《수학의 정석》처럼 돈 관리와 투자에 관한 '기본서'가 되기를 바라는 마음으로 《4개의 통장》을 세상에 내놓았다. 저자 자신도 평범한 사람의 평범한 재테크 방법일 뿐이라고 말할 만큼 특별한 성공담을 담고 있지는 않지만, 땀 흘려 번 돈을 기본과 원칙에 충실하여 소중히 관리할 것을 강조한《4개의 통장》은 40만 독자의 사랑을 얻으며, 재테크 도서의 트렌드를 바꿔 놓았다는 평가를 받았다. 그리고 이번에 그의 두 번째 책,《4개의 통장 2》를 펴냈다.

저자는 한 아이의 아빠로서 자신과 비슷한 고민을 하며 살아가는 많은 엄마, 아빠가 아이와 함께 돈 걱정 없는 미래를 설계할 수 있기를 바라는 마음으로 이 책을 썼다고 말한다.《4개의 통장 2》는 아이의 대학자금 마련과 부모 자신의 노후자금 마련이라는 두 가지 주제를 핵심적으로 다루고 있으며, 평범한 사람들의 현실과 동떨어지지 않은 목돈 마련 방법을 아주 구체적이고 꼼꼼하게 설명하고 있다.

평범한 엄마 아빠들이 아이의 대학자금을 만드는 가장 빠른 시스템

4개의 통장 2

고경호 지음

다산북스

| 추천사 |

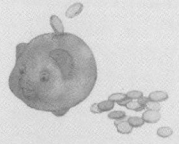

◆ 7살과 5살 두 아이를 키우는 맞벌이 주부로, 남편과 함께 한 푼 두 푼 개미처럼 열심히 돈을 모으면서 쌓여 가는 적금 통장에 만족하며 살아왔다. 남들이 하는 재테크에 관심도 없었고, 어떻게 해야 할지도 모르며 무조건 모으기만 했다. 그런데 물가는 계속 오르고, 아이들 교육비 또한 점점 더 큰 부담으로 다가오는 삶이 지속되었다. 턱밑까지 조여 오는 자금의 압박으로 하루하루 삶을 살기에도 정신없이 바빠서 그랬는지 우리 가족의 불안한 미래에 대해 생각하기조차 싫었다. 이런 내게 행운이 미소를 지으며 찾아든 것일까? 이 책은 그동안 계속 묵혀 두었던 고민들을 하나하나 꺼내보게 해주고, 구체적인 방향까지 제시해 주었다. 책을 읽으면서 현재의 소비생활을 반성하고, 계획적인 소

비생활을 해야 한다는 것을 마음속으로 다시 한 번 다지게 되었으며, 돈을 버는 것 못지않게 현명하게 쓰는 것도 중요하다는 것을 느끼게 되었다. 또한, 아이의 대학자금 마련과 우리의 노후자금 마련이라는 대부분의 사람이 가지고 있는 고민에 대해 가장 구체적이고, 현실적인 해결방안을 제시한 책이라는 것을 알았다. 막연하게 '몇 년 후에 몇억이 필요하다.'라는 원론적인 내용이 아니라, 정확한 데이터에 입각하여 필요한 자금을 계산하고, 물가상승분까지 합산하여 가까운 미래에 우리 가족에게 필요한 자금을 재정상황에 맞게 준비할 수 있도록 도와준다. 마치 인생의 지도를 보여주듯이 말이다.

처음에는 '이렇게 많은 돈이 필요하단 말인가?', '우리의 미래는 어떻게 되는 것인가?'라는 불안감을 느끼고 책을 읽기 시작했다면, 읽어 나갈수록 미래를 준비할 수 있는 구체적인 방법들이 소개되고 있어 손에서 책을 놓을 수가 없었다. 낯선 용어와 평소에 생각하지 않았던 재무관리에 대한 내용은 조금 어렵다고 느껴졌지만 상세한 개념 정리와 꼼꼼한 설명으로 이해하는 데 무리가 없었다. 책을 읽고 지금부터라도 계획을 세워 실천해 나간다면, 사랑하는 우리 아이가 가진 꿈을 맘껏 펼칠 수 있도록 지원해줄 수 있겠다는 생각이 들자 너무나 뿌듯해졌다.

아이에게 남겨 줄 재산이 많지는 않지만, 아이의 꿈을 뒷바라지해줄 수 있는 작은 재원을 마련하는 일은 가능하다는 생각이 들어 마음도 안정되었다. 또한, 막연하기만 했던 나의 노후를 구체적으로 생각할 수 있게 된 점도 좋았다. 마음 한구석에 쌓아놓고 모른 척하고 있던 미래에 대한 고민을 직시할 수 있도록 경각심을 일으켰다는 자체만으로도 이 책은 나의 인생에 한 획을 긋게 한 것만은 확실하다. 무엇보다 아이들의 교육 문제로 힘들어하는 대한민국의 열혈 엄마들에게 이 책을 강력히 추천한다.

정효선(두 아이의 엄마, 34세)

◆ 어린 아이를 키우는 부모라면 누구나 가지고 있는 2가지 큰 고민, 즉 아이의 교육자금과 본인의 은퇴자금을 어떻게 마련할 것인가에 대한 답을 아주 쉽게 설명한 책이다. 저자 자신의 실제 경험을 예로 들어 설명함으로써 더욱 현실적이고 실천 가능한 구체적인 전략을 독자들에게 제공하고 있다. 자녀교육비와 은퇴자금은 서로 상충하는 속성이 있다. 그렇지만, 이 책을 읽고 그대로 실천한다면 두 마리 토끼를 다 잡을 수 있다고 확신한다.

이근혁(국제공인재무설계사, 51세)

◆《4개의 통장》이 땀 흘려 번 소중한 돈을 급여통장, 소비통장, 예비통장, 투자통장이라는 시스템에 의해 잘 관리하도록 안내했다면, 이 책은 그중 투자통장을 키워나가는 방법을 알려주고 있다. 특히 젊은 부모들에게는 투자수익률뿐만 아니라 물가상승률도 반영하여 현실적이고 구체적인 목표를 만들어 스스로 실천할 수 있도록 도와준다. 명확한 목적, 구체적인 목표금액 및 기간 등을 수립하는 것은, 좋은 투자자와 좋은 자산관리를 하는 데 있어 매우 중요한 첫걸음이 된다. 이 책은 그러한 첫걸음을 내딛는 데 있어 좋은 안내자 역할을 하고 있다.

최태원(국제공인재무설계사, 50세)

| 프롤로그 |
대학등록금 1,000만 원 시대의 풍경

2009년 5월, 한 비영리단체에 소속되어 봉사활동을 하는 대학생들을 대상으로 강의를 한 적이 있었다. 나는 《4개의 통장》 저자 자격으로 초대되었고, 학생들이 요청한 강의 주제는 '개인재무관리'였다. 하지만, 학생들 앞에서 돈을 주제로 강의를 하는 게 마음에 내키지 않아 학생들에게 의견을 묻고, 즉석에서 주제를 바꾸었다. 그리고 꿈을 주제로 하여 두서없이 대화를 나누기로 했다. 대화를 시작하면서 나는 학생들에게 요즘 어떤 고민을 많이 하고 지내는가 물었다. 여러 답변이 나왔는데, 그중 몇 학생들이 등록금 때문에 고민이 많다고 했다. 그래서 나는 등록금은 본인들이 걱정할 게 아니라 부모님께서 걱정할 문제가 아니냐고 반문했다. 돌아온 답변은 한숨 소리였다. 한쪽 구석에서 한숨 소리가 들려 왔고, 연이어 여러 학생이 한숨을 내쉬었다. 순간 내가 실수를 했다는 사실을 깨달았다. 그 한숨 소리는 마치 '당신이 나의 맘고생을 알기나 해?'라는 원망 섞인 물음처럼 들렸고, 학생들의 마음에 상처가 남게 될까 봐 걱정되었다. 그래서 결국 나 역시 그 고민이 어떤 것인지 잘 알고 있다는 말과 함께 내가 대학생활 중 겪었던 경제적인 어려움에 관해 잠시 털어놓아야 했다.

나는 군대에 다시 가라면 가겠지만, 대학 시절로 돌아가라면 가지 않겠다는 말을 가까운 지인들에게 우스갯소리처럼 했던 기억이 있다. 대학에 다니면서 돈 때문에 지긋지긋한 경험을 많이 했기 때문이다. 고등학교에 다닐 때까지만 해도 부족한 줄 모르고 살았는데, 대학에 진학한 이후 여러 가지 문제로 집안 사정이 급하게 안 좋아졌다. 특히 군 복무 중 가세가 절벽처럼 기울어 전역하고 나서는 온 식구가 방 한 칸에 세 들어 살았다. 아버지의 도움을 받기가 어려운 상황이었다.

나는 복학 후 학교 근처의 고시원에서 혼자 지냈는데, 뒤로 누우면 몸을 뒤척일 틈도 없는 쪽방 고시원이었다. 얼마 안 되는 고시원비를 아끼려고 1년 넘게 친구들과 후배들의 자취방을 떠돌면서 신세를 지기도 했다. 장학금을 몇 번 받기는 했지만, 매번 받을 수 없었고, 전액 장학금을 받기란 더더욱 어려웠기에 학기가 끝날 때마다 다음 학기 등록금 걱정을 해야 했다. 당장 생활비로 쓸 돈이 없는 때도 잦아서 방학 때는 말할 것도 없고, 학기 중에도 틈틈이 돈을 벌러 다녔다.

대학에 다니는 동안 주유소, 택시회사 세차장, 전자제품 공장, 노점 판매원, 단란주점 웨이터 등 다양한 업종에서 아르바이트를 했다. 휴학을 두 번 해서 졸업도 제때 못했다. 그나마 내가 90년대에 대학에 다녔기 때문에 무사히 학업을 마칠 수 있었던 것으로 생각한다. 최근 경제적인 어려움을 겪는 대학생들은 아르바이트를 하고, 휴학하고 돈을 벌어도 공부를 지속하기 어렵다. 왜냐하면, 내가 대학에 다닐 때나 지금이나 대학생들에게 주어지는 인건비는 얼마 오르지 않았는데(별 차이가 없는 것 같다.), 그동안 등록금과 생활물가는 큰 폭으로 올랐기 때문이다.

'대학등록금 1,000만 원 시대', 말만 들어도 숨이 막히지 않는가? 말이 1,000만 원이지 교재비, 전공 외 교육비, 생활비 등을 포함하면 실제 대학교육에 들이는 비용은 짐작하기도 어렵다. 서민들의 허리는 휘고 있으며, 집을 떠나 하숙이나 자취를 해야 하는 대학생들의 부모는 허리가 휘다 못해 굽을 지경이다. 학자금 대출에, 마이너스통장에, 이제 겨우 다 갚은 주택담보대출을 다시 받거나 추가대출을 받는 경우도 흔하고, 살던 집을 팔고 이사 가는 경우도 드물지 않다. 그렇다고 이미 학력 인플레가 심해진 대한민국에서 대학 진학을 희망하는 자녀의 뜻을 경제적인 어려움을 이유로 아무렇지도 않게 외면할 수 있는 부모가 몇이나 될까? 우리의 정서상 그리 많지 않을 것이다. 등록금 때문에 휴학과 복학을 반복하는 대학생들은 부지기수고, 휴학 횟수를 초과하여 제적(除籍)되어 재입학을 하거나 자퇴하는 대학생들도 적지 않다. 이 와중에 이자 계산도 제대로 할 줄 모르는 대학생들에게 학자금 대출을 해준답시고, 고리사채나 다름없는 대출로 학생들의 발목에 족쇄를 채우는 금융회사들과 대부업체들까지 난립하고 있으니 기가 찰 노릇이다.

더욱 심각한 문제는 대부분의 사람들에게 자녀의 대학교육 문제가 노후 문제와 직결되어 있다는 사실이다. 등록금뿐만 아니라 대학 진학 전부터 사교육비가 많이 들기 때문에 자녀가 대학에 다니는 동안 빈곤층으로 전락하는 사람들이 점점 늘고 있다고 한다.

이들에게 뚜렷한 노후대책이 있을 리 없다. 이러한 현상을 조금 거칠게 해석하면, 현재 많은 가정에서 대학에 다니는 자녀는 부모에게 돈 걱정을 가득 안겨 주고, 노후 준비가 안 된 부모는 자녀에게 돈 걱정을 가득 안겨 주는 악순환에 빠져들게 될 위기에 처했다고 볼 수 있다. 은퇴를 앞둔 부모와 성인이 된 자녀가 마주 앉아, 돈 걱정을 해야 하는 모습, 등록금 1,000만 원 시대의 풍경이 이렇다.

 내 아이가 대학에 진학할 때쯤에는 과연 어떤 풍경일까? 많은 사람들이 원하는 반값 등록금이 현실화될까? 정부에서 대학등록금 자율화 조치를 거두어 들이고, 10년쯤 동결시켜 버리기라도 할까? 대학들이 등록금 인하 경쟁에라도 뛰어들까? 이도 저도 아니면 고교 졸업자의 80% 이상이 대학에 진학하려는 세태가 뒤바뀌어 대학은 꿈 없고, 능력 없는 학생들이나 가는 곳이라는 인식이 확산되기라도 할까?

 글쎄…. 내게는 등록금 2,000만 원, 3,000만 원 시대에 대비해야 한다는 생각밖에 떠오르지 않는다. 혹시 내 말이 황당하게 들리는가? 그렇다면, 현재 대학생 자녀를 둔 부모들이 10년, 20년 전에 자녀들을 대학에 보내기 위해 등록금 1,000만 원이 필요해질 것이라고 상상이나 해 봤을까 생각해 보라. 단언컨대 그렇지 않다.

 만약 당신이 향후 10년, 20년 뒤에 자녀를 대학에 보내야 하는 입장이라면 내 말을 흘려 듣지 않기를 바란다. 사실 대학등록금이 오르는 건 자연스러운 현상으로 생각될 수도 있다. 문제는 그동안 다른 물가와 사람들의 소득에 비해 인상 속도가 너무 빨랐다는 점인데, 향후 그 간격이 쉽게 줄어들까에 대해서는 의문이다. 또한, 많은 사람들이 자녀의 교육에 관해서는 예민하게 신경을 쓰고, 큰 비용을 지출하고 있지만, 자신의 노후를 준비하는 일은 상대적으로 소홀히 다루고 있다.

수년 전 TV 시사프로에 출연하여 아들 둘을 대학은 물론 해외연수까지 보내는 등 경제적으로 어렵지 않게 살아왔는데, 지금은 통장에 1만 원도 없을 때가 있을 만큼 생활이 너무 힘들다고 말하던 은퇴자의 모습은 자칫 우리의 보편적인 미래상이 될지도 모를 일이다.

이 책은 이런 고민에서 쓰기 시작했다. 그렇다고 대학교육 문제나 사회적인 현상을 지적하고, 어떤 대안을 제시하기 위해 쓴 책이 아니다. 내게는 그런 것에 관해 논할 만한 식견이 없다. 다만, 각자가 처한 여건에 따라 부침이 있을 수는 있지만, 아이가 한 살이라도 어릴 때부터 구체적인 계획을 세우고, 실행에 옮긴다면 아이의 대학자금을 마련하는 일과 부모 자신의 노후자금을 마련하는 일은 생각보다 쉽게 풀릴 수도 있다. 아울러 우리가 살면서 하게 되는 돈 걱정은 돈을 계획적으로 쓰고, 다루는 것만으로도 상당 부분 감소하게 될 것이라는 사실도 독자들에게 함께 말해 주고 싶다.

현재의 재무적인 여건이 어떻든 자신과 가족의 미래를 위해 돈 관리와 투자에 관한 계획을 세우고, 하나 둘 실행해 나가는 게 매우 중요하다. 그러나 사람들은 보통 그 방법 또는 과정을 어렵게만 생각하여 미루는 경향이 있다. 이 책이 그 어려움을 덜어 줄 것이다. 나의 책을 통해 어린 아이를 키우고 있는 많은 엄마, 아빠들이 돈 걱정 없는 미래를 설계할 수 있기를 간절히 바란다.

Contents

추천사 • 7
프롤로그 대학등록금 1,000만 원 시대의 풍경 • 11

우리 가족
부자 되는 돈 관리 습관

돈 걱정의 무게는 얼마나 될까 • 22
부자 되는 돈 관리 습관 • 33
• 첫 번째 습관_ 돈, 어떻게 안 쓸 것인가 • 33
• 두 번째 습관_ 돈, 어떻게 투자할 것인가 • 45
• 세 번째 습관_ 돈, 어떻게 벌 것인가 • 64

사랑하는 우리 아이를 위한 대학자금 마련 계획

1단계_ 투자계획의 수립과 실행방법 • 74
2단계_ 투자계획의 우선순위 • 79
3단계_ 투자계획수립의 필수과정 • 89
4단계_ 우리 아이 대학자금 마련 계획 • 118
5단계_ 우리 아이 대학자금 마련 계획 세우기 • 137

우리 아이를 위한 엄마, 아빠 노후자금 마련 계획

1단계_ 노후자금, 얼마나 필요할까 • 144
2단계_ 국민연금, 얼마나 도움이 될까 • 150
3단계_ 퇴직연금, 얼마나 도움이 될까 • 166
4단계_ 퇴직연금 예상 연금액 계산 • 181
5단계_ 노후자금 마련을 위한 투자계획 • 186
6단계_ 노후자금 마련을 위한 투자계획 세우기 • 212

에필로그 통장에 꿈을 담자 • 218

돈 걱정의 무게는 얼마나 될까

　태초에 하느님은 세상을 창조하고 나서 피조물들에게 수명을 정해 주기로 결정하였다. 그리고 나귀, 개, 원숭이, 인간을 차례로 불러 30년의 수명을 주겠다고 하였다. 그런데 나귀, 개, 원숭이는 하나같이 삶이 고달프다며, 수명을 줄여주기를 희망하였다. 그래서 하느님은 나귀의 수명은 18년을 줄여주었고, 개의 수명은 12년을, 원숭이의 수명은 10년을 줄여주었다. 하지만, 인간은 30년의 수명이 짧다며 불평하였다. 그래서 하느님은 나귀가 버린 18년, 개가 버린 12년, 원숭이가 버린 10년을 더해 인간에게 총 70년의 수명을 주었다. 이때부터 인간은 본래의 수명인 30년 동안은 즐겁게 살지만 그 시간은 아주 빨리 지나간다. 이후 18년 동안은 나귀처럼 다른 사람을 위해 무거운 짐을 나르며 고된 삶을 살게 된다. 그다음 12년 동안은 개처럼 으르렁거리며 불평 많은 삶을 살게 된다. 그리고 마지막 10년 동안은 원숭이처럼 어리석은 짓만 하다가 생을 마치게 된다. (참조:《어른을 위한 그림형제 동화전집》그림 형제 著, 김열규 譯, 현대지성사 刊)

이 이야기는 '백설공주' 이야기로 유명한 독일의 그림 형제가 지어낸 것이다. 약 200년 전에 지어진 이야기인데, 당시 사람들의 삶이 순탄치 않았음을 엿볼 수 있다. 그리고 인간의 생을 나귀나 개의 것과 비교하기에는 지나침이 있겠지만, 근심 많고, 녹록하지 않은 현대인의 삶을 비유하기에도 어색함이 없어 보이는 이야기이다.

한 30대 초반의 여성에게서 장문의 이메일을 받았다. 나의 전작인《4개의 통장》을 읽고 한참 동안 울었다고 한다. 책의 내용처럼 그저 남편과 아기와 함께 알뜰살뜰 소박하게 살고 싶은 바람뿐인데, 그것조차 쉽지 않은 현실 때문에 너무 힘겹다는 게 주된 내용이었다. 아무리 발버둥을 쳐도 자신의 삶은 나아지는 것 같지 않다며 절망 섞인 사연을 보내온 20대 남성도 있었다. 이들의 기막힌 사연 앞에서 나 자신이 너무 작아짐을 느꼈다. 위로의 말을 전하는 것 외에 내가 해줄 수 있는 게 없었기 때문이었다. 이들은 자신의 의지와는 상관없이 발생된 문제가 가져 온 돈 걱정 때문에 깊은 시름에 잠겨 있었다. 그럼에도, 희망의 끈을 놓지 않고 하루하루 열심히 살고 있는 듯하여 다행이라는 생각이 들었다.

빈부의 차이와는 상관없이 우리가 살면서 겪게 되는 걱정거리 중 적지 않은 부분이 돈 때문에 생긴다는 사실을 부정할 수 없다. 그리고 이러한 사실이 우리의 삶을 녹록하지 않게 만드는데 적지 않은 기여를 한다. 어떤 사람들은 당장 생계를 걱정해야 할 만큼의 가난 때문에 돈 걱정을 한다. 상대적인 빈곤감 또는 이와 유사한 심리적인 가난 때문에 돈 걱정을 하는 사람들도 많다. 부채 문제로 고통받는 사람들도 있고, 이외에도 여러 가지 이유로 사람들은 돈 걱정을 한다. 불확실한 미래에 대한 불안감 때문에 내일 하게 될 돈 걱정을 오늘 미리 하는 사람들도 어렵지 않게 찾아볼 수 있다. 아이들도 돈 걱정이 많은지 한 중학교 교사가 학급의 아이들에게 '인생에서 가장 중요한 게 무엇이라고 생각하는가?'라는 질문을 했는데, '돈'이라고 대답한 아이들이 가장 많아서 놀랐다고 한다. 안타까움을 넘어서 씁쓸함마저 느껴진다.

이유가 무엇이든, 사람들이 느끼는 돈 걱정의 크기에는 별 차이가 없어 보인다. 누구에게나 자기 발등에 떨어진 불이 가장 커 보이는 법이기 때문이다. 사람들은 대게 그 불을 돈으로 끄려고 애쓴다.

당연하다. 돈 때문에 생긴 걱정이라면 돈으로 해결할 수 있을 테니까. 문제는 그 돈이라는 게 마음먹은 대로 쉽게 손에 쥐어지지 않는다는 점이다. 그래서 사람들은 돈을 더 벌지 못해 걱정하고, 더 모으지 못해 걱정하고, 때로는 더 빌리지 못해 걱정한다. 더 쓰지 못해 걱정하는 사람들도 있다. 불을 끄려고 애쓸수록 더 크게 번지는 꼴이다. 물론 모든 사람들이 그렇다는 말은 아니다. 집안 가득 넘칠 만큼 많은 돈을 가진 부자들은 논외로 하더라도 현재의 삶에 만족하며 돈 걱정 없이 지내는 사람들이 분명히 있다. 그리고 이들 중에는 적게 소유하고, 적게 벌면서도 그렇게 지내는 사람들이 있다. 하지만, 이들도 돈 걱정으로부터 완전히 자유롭다고 말하기는 어려울 것이다. 나는 돈에 관해 해탈한 듯 말하지만, 실상은 그렇지 못한 사람들을 종종 보아 왔다.

나 또한 오래전부터 돈 걱정을 해왔다. 대학에 다닐 때는 등록금 때문에 걱정이었고, 졸업 후에는 원하는 만큼 많이 벌지 못해 걱정이었다. 결혼할 때는 모아둔 돈이 없어 걱정이었고, 결혼하고 나서는 돈 걱정이 늘어서 걱정이었다. 평소에 생각 많고, 고민 많은 나의 성격도 한 몫 거들긴 했을 것이다. 이런저런 돈 걱정 때문에 무거웠던 마음이 한결 가벼워졌다고 느낀 시기가 결혼 후 2~3년 사이의 일이니까, 그 이전까지 돈 걱정 때문에 필요 이상의 많은 에너

지를 소비했던 것 같다. 그렇다고 내가 돈 걱정으로부터 자유로워졌다고 말하는 건 아니다. 다만, 그 이후로도 오랜 시간 동안 아내와 함께 꾸준히 노력해 오면서 마음을 짓누르던 돈 걱정의 무게를 절반 이상 덜어냈다고 느낀다. 내가 덜어냈다는 돈 걱정의 무게가 당신의 마음에 얼마나 전달될지는 알 수 없다. 저울에 달 듯 측정할 수 없는 노릇이니까. 남자라면 군대에서 행군을 할 때 완전군장과 단독군장의 무게 차이, 여자라면 만삭 때와 출산 뒤의 무게 차이라고 표현하면 전달이 될까 모르겠다.

돈 걱정의 무게를 덜기 위해서 그동안 내가 해 온 노력은 다양하지만 결국은 두 가지로 요약할 수 있다. 하나는 '많이 벌기'이고, 또 다른 하나는 '적게 쓰기'이다. 이 둘의 차이는, 적게 쓰기 위한 노력은 돈 걱정의 무게를 줄여 주었지만, 많이 벌기 위한 노력은 그렇지 못했다는 점이다. 혹시 오해가 있을 수 있어 부연 설명을 해야겠다. 살아가면서 많이 벌기 위한 노력이 불필요하거나 돈 걱정을 줄이는데 방해가 된다고 주장하는 게 아니다.

내가 겪었던 문제는 급한 마음 때문이었다. 달리기 경주를 할 때 머리는 급한데, 발이 따라 주지 않으면 앞으로 고꾸라진다. 장기간 계획하고, 준비하고 나서 실행해야 할 일을 급하게 이루려 했고, 내가 마음먹은 대로만 되지는 않았기 때문에 근심이 오히려 늘었던 경험을 했다. 한동안 대박을 꿈꾸며 주식, 부동산 경매 등 재테크 공부에 심취해 보기도 했고, 소득을 늘리기 위해 첫 직장이었던 모 제약회사를 그만두고, 직종을 바꾸기로 했다. 그러나 이런 노력이 나의 돈 걱정을 줄여 주지는 못했다.

지금은 재테크를 통해 돈을 버는 일이든, 직업을 통해 소득을 늘리는 일이든 많이 벌기 위한 노력은 마라톤을 뛴다는 생각으로 멀리 내다보며 준비하는 게 옳다고 믿는다. 그렇다고 내가 많이 벌기 위해 했던 노력이 헛되지는 않았다. 재테크에 매달려서는 내가 행복해지기 어렵다고 느꼈기 때문에 재테크를 통해 큰돈을 벌겠다는 생각을 오래전에 버렸다. 그러니 마음이 편하다. 지금은 신경을 적게 쓰고, 시간을 적게 들이는 방법으로 돈을 관리하고 투자한다.

직종을 바꾼 뒤에는 다양한 좋은 경험을 했고, 말 못할 어려움도 겪었다. 이 과정에서 내가 어떤 일을 할 때 즐겁고, 어떤 일을 할 때 즐겁지 않은지 분명히 알게 되었는데, 이를 통해 직업적인 꿈을 결정할 수 있었다. 어렸을 때 흔히 듣던 '너는 커서 뭐가 되고 싶니?'라는 물음에 늦게나마 분명히 답할 수 있게 되었다는 뜻이다. 꼭 이루고 싶은 꿈이 있다는 사실은 내가 힘들 때마다 큰 위안이 되어 준다. 나이 40을 코앞에 두고, 아직도 어린애처럼 꿈 타령을 하느냐고 비웃는 사람도 있었지만 꿈을 꾸는 일은 어찌 보면 어린애보다는 어른들에게 더 필요한 일이라는 생각도 든다.

　반면에 적게 쓰기 위한 노력이 돈 걱정을 줄여 주었던 이유는 비교적 단기간에 결과가 눈에 보였기 때문이다. 그래서 재미를 느낄 수 있었고, 지속할 수도 있었다. 시간이 지남에 따라 저축한 돈이 늘면서 돈 걱정은 서서히 줄어들었다. 그렇다고 내가 허리띠를 힘껏 조여 매고, 악착같이 절약하며 지냈다는 말은 아니다. 사회생활을 하면서, 가정을 꾸리면서 돈을 적게 쓰는 데는 한계가 있다. 그리고 그 한계라는 건 개개인의 처지에 따라 다르게 느껴진다. 그뿐만 아니라 미래의 삶을 위해 현재 누리는 삶의 질을 포기하는 데도 한계가 있다.

　따라서 돈을 많이 벌든, 적게 벌든 절약하는 습관이 몸에 밴 사람이라면 평소 필요한 만큼만 돈을 쓴다고 느낄 것이기 때문에 더 이상 지출을 줄이기는 무척 어려울 것이다. 하지만, 나의 경우에는 전혀 그렇지 못했다. 결혼하기 전에는 열심히 저축을 해야겠다는 생각을 진지하게 해 본 적이 없다. 돈 때문에 고민이 많았던 대학생활을 끝내고, 정식으로 취업해서 돈을 버는 게 기뻤고, 그 돈을 내 맘대로 쓸 수 있다는 사실은 나를 더욱 기쁘게 했다. 그래서 버는 족족 마음 편한 대로 돈을 써댔다. 그 결과 결혼할 때 모아둔 돈이 없어 후회와 자괴감을 느껴야 했다. 빚이 없었던 게 다행이라면 다행이었다. 이런 사실을 모르고 있던 아내와 결혼을 결심하기까지 용기도 필요했다.

결혼 전에는 나중에 성공해서 지금보다 돈을 훨씬 더 많이 벌면 된다는 생각을 주로 했기 때문에 열심히 저축할 생각을 하지 않았다. 평소 분에 넘칠 만큼 돈을 쉽게 쓰는 습관이 몸에 배어 있었기 때문에 지출을 줄일 수 있는 여지가 그만큼 많았던 것이다. 그러니 적은 노력에도 단기간에 결과가 눈에 띨 수밖에 없었던 것으로 생각한다.

나의 경우에는 나중에 많이 벌면 된다는 태도와 지출습관을 바꾸기만 하면 되는 것이었다. 돈은 버는 것보다 지키는 게 훨씬 더 어렵다고 생각하는 아내의 영향도 컸다. 사실 지나고 보니까 이렇게 말을 쉽게 하지만, 생각을 고쳐먹고, 실천하는 과정이 그리 쉽지는 않았다. 알다시피 사람이 자신에게 익숙해진 생각과 습관을 바꾸는 게 쉬운 일은 아니다. 그래서 돈 관리든, 건강관리든, 자기계발이든 뭐가 좋은 습관이고, 뭐가 나쁜 습관인지에 대해서는 누구나 알고 있어도 실천하는 사람들보다 그렇지 않은 사람들이 더 많은 것이다. 나 역시 어떤 부분에서는 좋은 습관을 갖고 있지만 다른 부분에서는 좋지 않은 습관을 갖고 있다는 사실을 잘 알면서도 고치지 못하고 지낸다. 어떤 습관이든 절실히 바꿔야 한다고 스스로 느끼기 전에는 바꾸기 어렵다. 결혼 후 나에게는 돈에 대한 태도와 지출습관을 바꿔야만 한다는 절실함이 있었다.

어쨌든 돈 걱정을 줄이는 데 있어 많이 벌기보다는 적게 쓰기가 나에게는 더 쉬웠고, 비교적 단기간에 효과를 볼 수 있는 방법이었다. 그리고 시간이 지나면서 돈 걱정을 줄이기 위해 어떤 습관을 들이는 게 좋은지 내 나름의 결론을 얻을 수도 있었다. 사실 내가 얻었다는 결론 역시 누구나 이미 알고 있는 것이기 때문에 새로울 건 없다. 실천하기가 쉽지 않을 뿐이다. 그것이 무엇인지 말하기에 앞서 연예계에서 재테크 잘하기로 소문난 전원주 선생님에 관한 이야기를 잠시 해야겠다. 얼마 전 한 방송에서 사회자가 재테크 성공의 비결이 무엇인지 묻자 그녀는 이렇게 말했다.

"무조건 안 쓰는 거죠, 뭐. 수입의 90%를 저축해요."

너무 뻔한 답변이었지만 나도 모르게 '아~'소리를 내며, 고개를 끄덕였다. 답은 역시 멀지 않은 곳에 있다는 생각이 들어서였다. 물론 좀 더 살펴볼 건 있다. 무조건 안 쓴다고 될 일은 아니다. 그렇게 자신을 옥죄어서 즐겁다면 괜찮겠지만 그렇지 않다면 지속하지 못한다. 미래를 위해 현재를 지나치게 희생하는 것도 불행한 일인지 모른다. 그녀의 '무조건'이라는 말도 그만큼 열심히 절약한다는 상징적인 표현일 것이다. 그리고 수입의 90%를 저축하는 일은 대부분의 사람들에게는 불가능한 일이다. 그녀가 돈을 많이 벌기 때문에 가능한 일이다. 다만, 중요한 사실은 그녀는 가난할 때나 지금이나 소비를 늘리지 않고자 애써왔다고 한다.

대체로 수입이 증가하면 소비도 증가하는 게 일반적이다. 그래서 돈을 더 벌어도 저축을 더 하지는 못하는 상황이 생기는 것이다. 하지만, 그녀는 소비를 늘리지 않기 위해 애써왔기 때문에 수입의 증가분이 곧 저축의 증가분으로 이어질 것이다. 즉, 안 쓰는 습관을 유지하면서 돈을 벌기 위한 노력을 함께 해왔기 때문에 현재 수입의 90%를 저축할 수 있었던 것으로 생각한다. 내가 말하고 싶은 것도 이와 크게 다르지 않다.

내가 생각할 때 "돈 걱정을 줄이기 위한 가장 좋은 습관"은

1. 돈, 어떻게 안 쓸 것인가?
2. 돈, 어떻게 투자할 것인가?
3. 돈, 어떻게 벌 것인가?

이 3가지 물음에 자신이 스스로 답을 정하고, 그것을 꾸준히 실행해 나가는 것이라 말할 수 있다. 그러면 시간이 지나면서 돈 걱정

은 줄어들 것이다. 나는 지금부터 이 3가지 질문에 대해 내가 정답이라고 생각하는 것들을 하나씩 제시할 것이다. 당신과 이견이 있을 수 있지만, 나의 생각과 경험이 당신의 것과 꼭 일치할 수만은 없다. 따라서 나의 의견과는 상관없이 책을 읽는 동안 당신의 생각도 정리해 보기 바란다. 그리고 이를 "돈 걱정을 줄이기 위한 가장 좋은 습관" 대신 "부자 되는 돈 관리 습관"이라고 고쳐 부르겠다. 같은 말, 다른 어감이다. 걱정이라는 단어에 집중하지 말고, 부자라는 단어에 집중하자는 의미다.

《시크릿》이라는 책을 보면 원하는 것이든, 원하지 않는 것이든 평소 내가 집중하는 것을 나의 삶에 끌어당긴다고 한다. 걱정은 걱정을, 부(富)는 부를 끌어당긴다는 뜻인데, 그게 사실이든 아니든 좋은 생각을 해서 손해 볼 건 없다.

부자 되는 돈 관리 습관

◉ **첫 번째 습관**
돈, 어떻게 안 쓸 것인가

우리가 1만 원짜리 한 장으로 며칠을 지낼 수 있을까 생각해 보자. 교통비 쓰고, 점심 한 끼 사 먹고, 담배 한 갑을 사거나 커피전문점에서 커피 한 잔 들이켜고 나면 남는 게 거의 없을 것이다. 사실 요즘 같아선 하루를 지내기도 쉽지 않다. 예전에 모 방송사에 〈만원의 행복〉이라는 프로그램이 있었다. 연예인 두 명이 출연해 1만 원으로 1주일 동안 지내면서 최종적으로 돈을 더 많이 남기는 사람이 승자가 되는 내용이다. 1만 원으로 하루를 지내기도 어려울 판에 일주일 동안 지내야 한다. 게다가 돈을 남기기까지 해야 한다. 불가능한 일이나 마찬가지다. 하지만, 대부분의 출연자들은 1만 원으로 일주일을 버티고, 실제로 돈을 남긴다. 물론 밥과 빵을 얻어먹고, 심지어 남이 먹던 음식까지 얻어먹으며 지내기 때문에 현실성은 없다. 하지만, 중요한 건 어쨌든 그들이 미션 달성에 성공한다는 사실이다. 1주일 동안 지출할 수 있는 돈의 한도가 1만 원으로 정해져 있고, 미션 달성에 꼭 성공해야 한다는 목표의식이 더해졌기 때문에 가능한 일이었을 것이다. 만약 지출의 한도가 정해져 있지 않고, 최대한 아껴 쓰고 나서 누가 적게 썼나 경쟁하는 상황이었다면 대부분의 참가자들은 분명히 1만 원보다 많은 돈을 지출했을 것이다. 또한, 1주일이 아니라 기약 없이 매주 그렇게 지내야 하는 상황이었다면 아마 대부분 중도에 포기했을 것이다. 즉, 지출의 한도가 1만 원뿐이라는 '구속'과 1주일 뒤에는 이 상황에서 벗어날 수 있다는 '희망'이 동시에 존재했기 때문에 가능한 일이었을 것이다. 여기에 [부자 되는 돈 관리 습관]의 첫 번째 질문에 대한 해답이 있다.

돈, 어떻게 안 쓸 것인가? <u>지출의 한도를 정하고, 그 이상 안 쓴다.</u>

돈을 쓰고 싶어도 쓸 돈이 없다는 사실은 나를 괴롭게 하지만, 나 스스로 정한 지출의 한도 때문에 돈을 마음대로 쓰지 못한다는 사실은 그렇지 않다. 이렇게 해서 당장 현재의 돈 걱정을 줄이기는 어렵지만, 계획적으로 돈을 지출하고, 저축해 나갈 수 있기 때문에 미래에 하게 될 돈 걱정을 줄일 수 있다. 그리고 그것이 곧 희망이라 생각한다. 미래는 언젠가 겪게 될 현재다. 1년 뒤, 5년 뒤, 10년 뒤에는 지금보다 나은 현재를 살게 될 것이라는 희망을 품는다면 지금 겪는 불편함이나 어려움도 즐거움의 일부가 될 수 있다. 설령 상황이 나아지지 않더라도 지금보다 더 나빠지지는 않을 것이라는 믿음을 갖는다면 이것 역시 희망이라 생각한다. 희망을 갖지 못하면 어떤 일이든 실행하기 어렵고, 실행하더라도 지속하기 어렵다.

지출의 한도를 정하고, 그 이상 돈을 안 쓴다는 말은 허리띠를 움켜쥐고 절약하자는 뜻이 아니다. 돈을 쓰되, 지출 계획을 세우고 나서 적정한 지출 예산을 정하여 그 예산 안의 범위에서만 돈을 쓰자는 뜻이다. 또한, 꼭 써야 하는 돈은 아끼지 않고 쓰되, 안 써도 될 돈이라면 최대한 아끼자는 뜻도 담겨 있다. 이렇게 자신에게 예산이라는 구속력을 행사함으로써 현재의 지출수준을 낮추고, 필요 이상으로 돈을 쓰는 행위를 스스로 통제할 수 있다. 그리고 이는 저축액의 증가로 이어진다. 나의 경우 매월 100만 원 이상 저축하겠다는 식의 저축목표를 세우고, 실행하기보다 매월 100만 원 한도 내에서만 돈을 쓰고, 남은 돈은 전부 저축하겠다는 식의 지출목표를 세우고 실행하는 게 저축액을 늘리는 데 더 큰 도움이 되었다. 그렇다고 지출의 한도를 당장 월 10만 원, 월 50만 원, 이런 식으로 정할 수는 없다. 우리는 살면서 매일 돈을 써야 한다. 설령 집에서 아무 일 없이 쉬더라도 식사를 해야 하고, 물을 마셔야 하며, 밤에는 불을 밝혀야 한다. 전부 돈이 드는 행위이다. 따라서 의식주 비용과 자신이 추구하려는 삶의 질을 유지하는 데 따르는 비용, 그리고 직장생활을 하면서 들이는 비용 등 매월 또는 매년 필수적으로 지출해야 하는 돈이 얼마인지 꼼꼼히 계산해 봐야 한다.

그래야만 자신의 의지를 반영해 적정 수준에서 지출의 한도를 결정할 수 있다. (지출의 한도는 주 단위, 보름 단위, 월 단위 등 여러 방법으로 정할 수 있겠지만 여기서는 월 단위로 정하여 실행하는 것을 기준으로 설명하겠다.) 이런 계산에 익숙하지 않은 사람은 처음 할 때는 무척 번거롭다고 느끼겠지만, 이후에 다시 계산할 때는 그렇지 않을 것이다. 왜냐하면, 아이가 생기거나, 거주지를 옮기거나, 맞벌이를 하다가 배우자가 직장을 그만두는 등 생활환경에 큰 변화가 생기기 전에는 개인의 지출 수준이 어느 날 갑자기 크게 변하는 일은 흔치 않기 때문이다. 따라서 한번 꼼꼼히 계산해두면 다시 계산해 볼 일이 자주 생기지 않는다. 점검 차원에서 1년에 한두 번 계산해 보거나 생활환경 등의 변화로 인해 지출의 한도를 조정해야 할 필요가 있을 때 한 번씩 계산해보는 것으로 충분하다.

지출의 한도를 결정하는 과정에서 먼저 할 일은 여러 지출 항목들을 특성별로 크게 분류하여 지출의 총액을 파악하고 지출 예산을 정해 보는 것이다. 우리가 평소 하게 되는 지출의 종류는 소득에 비례해 지출하게 되는 공적지출(소득세, 국민연금보험료, 건강보험료 등)과 1년에 한두 번 특정시기에 지출하게 되는 계절성지출(자동차세, 자동차보험료, 재산세, 명절비, 휴가비, 가족행사비 등)을 제외하면 크게 두 가지로 분류할 수 있다.

- **고정지출**: 주택관리비, 월세, 가스요금, 전기요금, 통신요금, 보장성보험료, 대출원리금, 자녀 학원비 등 대게 매월 한 번씩 지정된 날짜 또는 기일 내에 지출하게 되는 고정비용
- **변동지출**: 식비, 외식비, 문화생활비, 피복비, 품위유지비, 교통비, 유류비, 여가비, 직장을 다니면서 쓰는 비용 등 수시로 지출하게 되는 생활비용

고정지출에 해당하는 각 항목을 살펴보면 지출액의 변동폭이 크지 않거나 일정하기 때문에 평소 고정지출의 총액을 예상하기는

쉽지만 자의적으로 한도를 정하여 관리하기에는 어려운 점이 있다. 따라서 고정지출의 경우 매월 평균적인 지출 총액을 파악하고, 변동폭을 관찰하는 것 이상의 적극적인 관리는 어렵다. 다만, 가스, 전기, 통신 등의 사용요금이 지나치게 많이 지출되고 있다고 판단되면 생활습관을 바꾸는 등의 노력으로 절감해야 할 것이고, 보장성보험료나 대출원리금 등의 비용이 과도하게 지출되고 있다고 판단되면 보험 일부를 해약 또는 감액하거나 대출원금의 일부 상환 등의 방법으로 줄일 수밖에 없다.

반면에 변동지출의 경우 지출 총액과 변동폭은 개인의 소비성향이나 지출습관에 의해 영향을 받는 경우가 많기 때문에 자신의 의지를 반영하여 통제하지 않으면 쉽게 증가할 수 있다. 따라서 지금껏 말한 지출의 한도를 정하는 일은 변동지출의 한도, 즉 고정지출 이외의 생활비의 한도를 정하는 일이라 생각해도 무방하다. 이를 위해 변동지출에 해당하는 항목별 지출 예산을 정하고, 그 총액을 기준으로 빼기 또는 더하기를 하여 월간 지출의 총 한도를 정하면 된다. 이때 한도 금액을 넉넉하게 정하기보다는 다소 부족한 느낌이 들도록 정하는 게 좋다. 목표를 쉽게 달성하기보다는 조금은 어렵게 달성할 때 성취감이 커지고, 재미도 늘어난다.

다만, 한도 금액을 너무 적게 정하여 매월 돈에 쫓기듯 살거나 한도 금액을 번번이 초과해서 지출하게 되는 것은 좋지 않다. 아무리 유익한 일이라도 즐겁지 않거나 실패를 반복하게 되면 하기 싫어지는 법이다. 따라서 자신이 감정적으로 받아들일 수 있는 수준에서 월간 지출의 한도를 정해야 한다. 그다음 매월 정해진 한도 금액 이상을 안 쓰기 위해 노력하면 그만이다.

지출(변동지출)의 한도를 정하고, 그 이상 안 쓰는 습관을 들이는 데 좋은 방법 중 하나는 신용카드 사용을 자제하고, 소비전용 통장(보통예금, 저축예금, CMA 등 수시입출금이 가능하고, 체크카드 결제 기능을 갖춘 통장을 변동지출 전용으로 활용한다는 의미)을 활용하는 것이다. 소비전용 통장에 매월 한 번씩 정해진 한도 금액만을 넣어 두고, 체크카드와 현금으로 지출하게 되면 통장의 잔액을 수시로 확인하는 습관이 자연히 생긴다. 왜냐하면, 다음 입금일 전까지 내가 쓸 수 있는 돈이 얼마나 남았는지 궁금해지기 때문이다.

잔액 확인을 해보면 돈을 입금한 날부터 오늘까지 총 얼마를 지출했는지 쉽게 확인할 수 있고(예를 들어 이번 달 1일 소비전용 통장에 입금한 돈이 50만 원인데, 오늘 통장의 잔액과 지갑의 잔액을 합한 돈이 20만 원이라면 1일부터 오늘까지 지출한 돈은 총 30만 원임을 쉽게 알 수 있다.), 다음 입금일이 가까워지면 한도 금액 내에서 지출할 수 있을지, 초과하여 지출하게 될지도 예상해 볼 수 있다. 평소 이렇게 자신의 씀씀이를 파악하고 지내면 신중히 돈을 쓰게 되기 때문에 알게 모르게 새어 나가는 돈을 줄일 수 있고, 절제된 지출습관을 유지하는 데 많은 도움이 된다. 나의 경우 다음 입금일이 가까워졌을 때 한도를 초과하여 지출하게 될 것으로 예상하면 소비전용 통장에 남은 돈을 대부분 인출하여 지갑에 넣고 다닌다. 그리고 이때부터는 지갑의 잔액을 세면서 현금으로만 지출한다. 꼭 지출해야 하지만 당장 급한 일이 아니면 지출 시점을 다음 달로 이월하기도 한다. 가급적 내가 정한 지출의 한도를 초과하지 않기 위해서 그렇게 한다. 물론 매번 한도를 맞추지는 못한다. 초과하여 지출하는 때가 종종 있다.

하지만, 그렇지 않은 때가 더 많다. 나와 내 아내는 현금을 미리 인출하지 못해 출근할 때나 외출할 때 지갑이 거의 비어 있는 경우가 간혹 있는데, 이런 때는 밖에서 혹시 곤란한 일이 생길지 모르기 때문에 서로에게 1만 원에서 2만 원을 빌리거나 빌려준다. 그리고 그 뒤에는 꼭 되돌려 주고, 되돌려받는다. 가끔 바깥에서 식사할 때도 예산 잔액에 여유가 있는 사람이 계산한다. 각자가 한 달간 지출의 한도를 정하여 돈을 쓰고 있기 때문에 생긴 습관이다. 이런 식의 지출관리는 노력으로 하는 일이 아니라 습관에 의해 하는 행동이기 때문에 하나도 힘들지 않다. 아침에 일어나 세수를 하는 일은 습관에 의해 하는 행동이기 때문에 하나도 힘들지 않은 것과 똑같다.

처음 행동에 옮기기가 어렵고, 습관으로 만들기까지의 과정이 번거로울 뿐이다. 사실 가끔은 불편하다고 느낄 때가 있기는 하다. 하지만, 쉽게 돈을 쓰기보다는 조금 불편하게 쓰는 게 유익하다고 생각하기 때문에 그냥 그렇게 지낸다. 내 아내는 소비전용 통장을 활용하면서 매주 한두 번 가계부도 정리한다. 신용카드는 나와 아내가 각자 한 개씩 갖고 있지만 자주 사용하지 않는다.

신용카드를 주된 지불 수단으로 사용하는 사람들은 체크카드로 바꿀 경우 대단히 불편하리라 생각한다. 중요한 순간에 통장의 잔액이 부족해서 결제가 안 될까 봐 불안하다고도 말한다. 하지만, 체크카드를 주된 지불 수단으로 사용하는 사람들은 그렇게 생각하지 않는다. 매월 한 번씩 어김없이 날아오는 신용카드 대금 청구서가 가벼워서 마음이 편하다고 말하는 경우가 더 많다. 그리고 충동적인 소비를 하지 않게 된다고 말하는 사람들도 많다. 사실 주된 지불 수단을 신용카드에서 체크카드로 바꿀 때 처음 한두 달은 무척 불편할 수 있다.

왜냐하면, 체크카드를 사용하면 지불할 때마다 통장에서 돈이 즉시 빠져나가는데, 문제는 그전에 사용한 신용카드 대금의 결제를 같은 달에 함께 해야 하기 때문이다. 한 달 동안 두 달치 생활비를 지출하는 결과가 되기 때문에 자금 압박이 생길 수밖에 없다. 매월 신용카드 대금을 쫓기듯이 겨우 처리하고 있거나 할부 구매 등을 자주 해서 한두 달에 대금 결제를 끝낼 수 없는 경우에는 엄두가 나지 않을 수도 있다. 이런 이유 때문에 바꾸려 했다가도 포기하는 사람들이 많다.

하지만, 이 과정만 잘 넘기면 그다음부터는 신용카드를 사용하는 게 오히려 불편해지는 경험을 하게 될 것이다. 그리고 지출의 한도를 정해서 돈을 쓰는 습관을 함께 들이게 되면 뭐라 설명하기 어려운 심리적인 안정감을 느끼게 될 것이다. 나는 신용카드를 사용하는 게 나쁜 습관이라고 생각하지는 않는다. 신용카드를 주된 지불 수단으로 사용하면서도 계획적이고, 절제된 지출 습관을 갖고 있는 사람들은 얼마든지 있다. 다만, 그렇지 못해 고민이 된다면 바꾸는 게 좋다. 만약 포인트관리나 각종 부가혜택 때문에 현재 보유한 신용카드를 주된 지불 수단으로 사용할 수밖에 없다고 생각한다면 지출의 한도를 맞추어서 쓰는 습관이 들 때까지만이라도 신용카드 사용을 자제하라고 말하고 싶다.

이제껏 말한 지출 관리 방법은 쉽고, 유익하지만 왜 그렇게 불편하게 지내야 하는가? 또는 왜 그렇게 궁상맞게 살아야 하느냐는 생각이 든다면 시작조차 할 수 없는 일이다. 나는 나이 들어 불편하게 지내기보다는 하루라도 젊었을 때 불편하게 지내는 편이 훨씬 더 낫다고 생각한다. 또한, 금 수저나 은 수저를 입에 물고 태어나지 못했다면 이 두 가지 불편한 상황 중 하나를 선택해야 한다고도 생각한다. 젊어 고생 사서 한다는 식의 말을 하는 건 아니다. 나는 고생을 사서 하고 싶은 생각은 추호도 없다. 다시 한 번 강조하면 나는 허리띠를 조여 매자고 말하는 게 아니다. 나 역시 그렇게 살기는 싫다. 다만, 조금 불편하더라도 계획을 갖고 돈을 쓰자는 말을 하고 싶을 뿐이다. 지금 불편한 만큼 미래에 하게 될 돈 걱정은 분명히 줄어든다.

하지만, 한도를 정하여 계획적인 지출을 하더라도 매번 한도 안의 범위에서만 지출할 수는 없다. 살다 보면 생활비를 초과해서 쓸 수밖에 없는 상황이 생기게 마련이고, 평소 때 쓰는 생활비 외에 특정시기마다 돈을 쓰게 되는 계절성지출도 한 해 동안 따져보면 적지 않다. 또한, 계획에 없던 일이 생겨 급하게 목돈을 지출해야 하는 경우도 생길 수 있다. 이런 상황에 대비해 비상금 성격의 예비자금을 평소에 모아 두고, 별도로 관리할 필요가 있다. 혹시라도 예비자금이 없는 상태에서 급하게 목돈을 쓸 일이라도 생기면 예금, 적금, 펀드, 보험 등에 손을 대야 하거나 빚을 내야 한다. 이렇게 되면 지출 계획뿐만 아니라 현재 실행 중인 투자계획에도 차질이 생길 수밖에 없다.

계획적인 지출을 해야 하는 가장 중요한 이유는 절약이나 절제를 하기 위함이 아니다. 계획적인 투자를 하기 위해서다. 평소 지출액을 예측 가능한 범위 내에서 통제하지 못하면 매월 고정적으로 투자할 수 있는 돈이 얼마인지 결정하기 어렵기 때문에 장기적인 투자계획을 세우고, 실행해 나가기도 어렵다. 특히 소득의 변동폭이 크면 더욱 어려워진다. 따라서 지출액의 변동폭이 적은 범위 내에서 유지될 수 있도록 관리할 필요가 있고, 이를 위해 지출의 한도를 정하여 돈을 쓰자는 것이다.

그리고 계획에 없던 일로 급하게 목돈을 지출해야 할 때에도 평소의 지출계획과 투자계획의 흐름을 깨뜨리지 않도록 비상금 성격의 예비자금을 확보하고 관리하자는 것이다. 이외에도 예비자금은 실직, 이직 등의 사유로 소득이 일시적으로 줄거나 중단되는 경우 문제가 해결될 때까지 생활을 유지해 나가는 데 필요한 최소한의 생계비 역할도 할 수 있다. 또한, 꼭 이렇게 큰 문제가 아니어도 평소 지출의 한도를 초과해서 지출하게 될 일이 꼭 생기기 때문에 이런 때에도 예비자금을 활용할 수 있다. 나의 경우 당장 소득이 중단되더라도 우리 가정의 현재 지출 수준을 3개월 이상 유지할 수 있는 규모의 예비자금을 확보하고 있는데, 이를 아내와 함께 나누어서 관리하고 있다. 그리고 평소 저축하는 돈 중 일부를 떼어내 1년에 한 번씩 예비자금이 줄어든 만큼 다시 채워 넣는다.

예비자금을 모아 두는 대신 마이너스통장을 활용하려는 사람들이 있는데, 피치 못할 상황이라면 어쩔 수 없겠지만, 썩 좋은 생각은 아니다. 남의 돈에 의존하려는 습관은 애초부터 들이지 않는 게 좋다. 푼돈이라도 조금씩 모아서 예비자금을 확보하고 관리해야 한다.

⊙ 두 번째 습관
돈, 어떻게 투자할 것인가

내게는 예쁜 딸 아이가 하나 있다. 결혼 후, 몇 년간 아기가 생기지 않아서 아내가 맘고생을 조금 했는데, 2.7kg으로 비교적 작게 태어난 아이가 무럭무럭 건강하게 자라는 모습을 보면 그렇게 대견해 보일 수가 없다. 출생 후 100일 즈음에 나는 아이의 대학등록금을 마련하기 위한 목적으로 펀드통장을 개설했다. 이후 그 통장 때문에 많은 사람들이 웃게 된 사건이 한번 있었는데, 돌잔치 때 돌잡이를 하면서 아이가 한순간의 망설임도 없이 그 통장을 집어 들었기 때문이다. 그래서 손님들에게 밤새 연습을 시킨 게 아니냐는 오해를 받기도 했다.

통장 개설 후 지금까지 매월 한 번씩 자동이체로 돈을 입금해 왔고, 자동이체 금액을 한번 늘리기도 했다. 그뿐만 아니라 돌잔치 때 손님들이 맡기고 간 축의금도 전부 입금해 두었고, 명절이나 경조사 때 어른들이 아이 손에 쥐어준 돈 등 아이 때문에 생긴 돈이라면 천 원짜리 한 장도 빠뜨리지 않고 전부 입금해 두었다. 어느덧 아이는 엄마 아빠와의 대화에 말참견할 만큼 많이 자랐다. 올해 4살이다. 그리고 그동안 아이의 통장도 훌쩍 자라서 당장 1년치 사립대학교 등록금을 지불할 수 있을 만큼 적지 않은 돈이 되었다. 나는 목표한 자금이 마련될 때까지 앞으로도 지금처럼 아이의 통장에 계속 돈을 넣어 둘 것이다. 그래서 내 딸에게 필요한 4년간의 대학등록금은 이미 준비된 것이나 다름이 없다고 생각한다.

결혼 전에는 돈을 버는 대로 쓰기에 바빴던 나였다. 이런 내가 아이의 대학등록금을 마련하기 위해 3년 넘게 투자를 지속해 왔고, 앞으로도 투자를 멈추지 않을 것이라고 다짐하게 되는 이유가 무엇이라고 생각되는가?

투자목적이 분명하고, 내가 왜 그렇게 해야 하는지에 대한 동기가 명확하기 때문이다. 이것이 바로 "부자 되는 돈 관리 습관"의 두 번째 질문에 대한 해답이다.

돈, 어떻게 투자할 것인가? 투자목적을 분명히 정하고, 투자한다.

돈이 모이면 꼭 돈 쓸 일이 생긴다는 말이 있다. 목적 없이 돈을 모으다 보면 목돈이 될 때마다 꼭 필요치 않거나 계획에 없던 일에 돈을 써버리는 경우가 종종 생긴다는 뜻이다. 그래서 오랫동안 큰돈을 모으기가 어렵다. 티끌을 모으면 언젠가는 분명히 태산이 된다. 하지만, 시간이 아주 오래 걸린다. 이를 잘 참고 견뎌내면 결국에는 큰돈이든 작은 돈이든 원하는 결과를 얻게 되지만 그렇지 못하면 돈이 조금 모이면 써버리고, 다시 조금 모이면 또 써버리고를 반복하다가 정작 큰돈이 필요한 때에 모아둔 돈이 없어 난처한 상황에 부닥칠 수 있다. 이런 상황을 피해가기 위한 가장 좋은 방법은 투자목적을 분명히 정하고 나서 목표한 자금이 마련될 때까지 또는 애초 계획한 투자기간이 끝날 때까지 계속 그리고 반복적으로 투자하는 것이다. 특히 10년, 20년 이상 장기간 투자를 해야 하는 경우 평소에는 없는 돈 또는 손댈 수 없는 돈이라고 생각하면 마음의 흔들림 없이 투자를 지속해 나가는 데 큰 도움이 된다.

나의 경우 아이의 대학등록금과 나와 아내의 노후자금을 마련하기 위해 투자하는 돈은 매월 세금을 낸다는 생각으로 투자한다. 우리가 버는 돈 중 일부는 소득세와 국민연금보험료 등으로 지출된다. 결코 적지 않은 돈을 강제로 떼어냄에도, 이를 제외하고 남은 소득에 맞추어서 어떻게든 살아간다. 투자목적이 중대하고 장기간 투자해야 하는 경우에는 이처럼 미리 돈을 떼어내고 나서 이를 제외하고 남은 소득에 맞추어서 살아가는 게 투자목표를 달성하기 위해 가장 좋은 방법이라고 믿는다. 다만, 장기간 투자하는 돈을 지나치게 많이 떼어내면 중·단기적으로 자금 압박이 생길 수밖에 없고, 이런 일이 잦아지면 계획대로 투자를 지속해 나가기 어렵다. 따라서 현재의 저축여력과 장래에 예상되는 소득과 지출의 변화 등을 고려해 장기간 투자를 지속하는데 무리가 없도록 적절한 투자금액을 결정하고, 이후 투자금액을 조금씩 늘려 나가거나 추가입금 하는 것을 목표로 삼는 게 좋다.

투자목적을 결정하는 일은 무척 쉽다. 돈을 모으는 이유가 무엇인지 생각해 보면 된다. 우리가 돈을 모으는 이유는 대게 언젠가 그 돈을 지출하기 위해서다. 결혼할 때 지출하기 위해 결혼자금을 모으고, 집을 구입할 때 지출하기 위해 주택자금을 모은다. 또한, 자녀 교육에 지출하기 위해 교육자금을 모으고, 노후에 지출하기 위해 노후자금을 모은다. 우리가 돈을 모으는 이유가 늘 이런 식이다. 따라서 지출계획 하나하나가 곧 투자목적이 될 수 있다.

사람마다 다양한 투자목적을 가질 수 있다. 예를 들면 결혼자금 마련, 주택자금 마련, 자녀교육자금 마련, 노후자금 마련 등 생애주기에 따라 대부분의 사람들이 공통으로 갖게 되는 투자목적이 있고, 사업자금 마련, 부채상환자금 마련, 해외여행자금 마련, 자동차 구입자금 마련 등 개별적인 투자목적이 있을 수 있다. 우리가 살아가면서 갖게 되는 지출계획을 시간 순서대로 점검해 보면 이처럼 다양한 투자목적들을 차례대로 뽑아낼 수 있다. 이 중 많은 돈이 필요하기 때문에 충분한 시간을 갖고 미리 준비하지 않으면 나중에 계획에 차질이 생기거나 큰 어려움을 겪게 될 것들을 주된 투자목적으로 결정해야 한다.

투자목적들을 결정하고 나서는 목적별로 얼마씩 투자할 것인지, 어떤 금융상품에 투자할 것인지 등 투자계획을 수립해야 하는데, 그전에 중요도에 따라 투자목적의 우선순위를 매길 필요가 있다. 대부분의 사람들은 한정된 자산과 소득을 재원으로 투자해야 하기 때문에 다양한 투자목적을 갖더라도 모든 것을 원하는 만큼 이루기는 현실적으로 어려운 경우가 많다.

따라서 투자계획을 세우는 과정에서 어떤 투자목적은 기대치를 낮추거나 실행을 보류해야 하는 일이 생길 수 있고, 때로는 포기해야 하는 일도 생길 수 있다. 이런 경우 절대로 포기할 수 없는 것, 경우에 따라서는 포기하거나 실행을 보류할 수 있는 것, 기대치를 낮춰서라도 당장 실행해야 하는 것 등을 구분해 내야 한다. 이때 우선순위가 판단의 기준이 될 수 있다.

투자계획을 세우려면 각 투자목적을 기간과 금액으로 구체화한 목표로 바꿔줘야 하는데, 이를 '재무목표'라고 한다. 예를 들어 투자목적이 본인의 결혼자금 마련인 경우, 향후 3년 동안 결혼자금 3,000만 원 마련이라는 식의 재무목표를 설정할 수 있다. 투자목적이 주택 전세자금 또는 구입자금 마련이라면 향후 5년 동안 주택자금 5,000만 원 마련이라는 식의 재무목표를 설정할 수 있다. 그다음 투자목적별로 매월 얼마를 투자할 것인지 결정하고 나서 각 재무목표를 달성하기에 적합한 금융상품을 선택하여 실행에 옮기면 된다.

이처럼 투자계획을 수립하는 일련의 과정에 대해서는 제2장 "사랑하는 우리 아이를 위한 대학자금 마련 계획"에서 좀 더 상세히 다루도록 하고, 여기서는 내가 딸의 대학등록금을 마련하기 위해 투자계획을 수립했던 과정에 대해 간단히 설명하겠다. 내가 매월 얼마를 투자해 왔는지 밝히지는 않겠지만, 짐작은 해 볼 수 있을 것이다. 독자들의 이해를 돕기 위해 오늘이 아이가 출생한 지 100일째 되는 날이라고 가정하고, 현재 시점을 기준으로 투자계획을 수립하는 과정을 설명하겠다.

출생 100일이므로 아이가 대학에 입학하기까지 약 19년의 투자기간을 확보한 셈이다. 등록금은 사립, 국공립, 계열, 전공 등에 따라 편차가 크지만 최근 사립대학교 등록금의 경우 연간 1,000만 원으로 봐도 무리가 아니다.

따라서 현재 시점에서 4년 동안 필요한 등록금을 4,000만 원으로 가정하겠다. 그러면 다음과 같은 재무목표를 설정할 수 있다.

향후 19년 동안 아이의 대학자금 4,000만 원 마련

〈2009년 대학별 연간 등록금 현황〉

(단위: 원)

사립대	지역	인문사회계열	자연과학계열	공학계열	의학계열	예체능계열
A대학	서울	7,765,600	8,560,300	9,390,800	12,208,000	9,638,000
B대학	인천	6,666,800	7,849,000	8,290,000	10,414,000	8,270,000
C대학	경기	7,067,900	7,960,000	8,996,000	11,075,300	6,858,000
D대학	부산	5,671,900	6,736,000	7,682,000	9,613,000	7,412,400
E대학	광주	5,836,500	6,839,500	7,684,000	9,746,000	7,245,800

(단위: 원)

국립대	지역	인문사회계열	자연과학계열	공학계열	의학계열	예체능계열
A대학	서울	5,106,200	6,153,800	6,211,800	9,913,600	7,729,000
B대학	강원	3,614,100	4,408,100	4,646,100	6,190,000	4,832,500
C대학	대전	3,542,700	4,414,300	5,130,900	6,824,500	4,790,900
D대학	대구	3,764,200	4,649,200	4,920,400	5,669,000	5,044,900
E대학	전북	3,497,800	4,430,800	4,840,500	5,724,300	4,848,700

출처: 대학알리미(교육정보공시센터) www.academyinfo.go.kr, 이곳 홈페이지를 방문하면 각 대학에서 공시한 계열별 평균등록금 현황을 확인할 수 있다.

하지만, 등록금은 지금까지 그래 왔던 것처럼 앞으로도 계속 인상될 것이기 때문에 아이가 실제로 대학에 진학하게 될 시기에는 이보다 훨씬 더 많은 자금이 필요할 것이다. 따라서 이렇게 재무목표를 설정해서는 합리적인 투자계획을 수립할 수 없다. 등록금 인상률을 반영하여 미래에 필요한 예상 등록금이 얼마인지 추정해 보고, 이를 재무목표로 설정해 줘야 한다.

최근 10년 동안 대학등록금은 물가상승률(소비자물가지수)의 2배 이상의 속도로 인상되어 왔다. 같은 기간 물가상승률의 평균치가 연 3%대 초반이었으니까 대학등록금은 적게 잡아도 매년 평균적으로 전년대비 6% 이상 인상되어 온 셈이다. 이 점을 고려해 향후 등록금 인상률을 연평균 7%로 가정해 보겠다.(최근 법제화된 등록금 인상률 상한제에 의하면 각 대학의 등록금 인상률은 직전 3년간의 평균 소비자물가상승률의 1.5배를 초과할 수 없도록 하고 있다. 이렇게 되면 연 5%대 이하로 인상률이 유지될 것으로 예상하지만, 이는 두고 볼 일이다.) 이렇게 인상률을 반영해서 다시 계산하면 아이가 대학에 입학하게 될 19년 뒤에는 약 1억 4,500만 원이 필요하다는 계산이 나온다. 연간 약 3,600만 원이 필요한 것이니까 현재의 등록금 1,000만 원의 3.6배 수준이다.

〈등록금 인상률별 예상 등록금〉

현재의 등록금 (연간)	경과기간	등록금 인상률 (연간, 전년대비)	예상 등록금 (4년간)
1,000만 원	19년	4.0%	8,400만 원
		5.0%	1억 100만 원
		6.0%	1억 2,100만 원
		7.0%	1억 4,500만 원

혹시 너무 놀라서 말도 안 된다고 생각하는 독자들을 위해 부연 설명을 해야겠다. 짐작하겠지만, 물가상승과 사람들의 소득 상승 등을 고려하면 19년 뒤 3,600만 원의 가치는 지금 당신이 느끼는 3,600만 원의 가치와는 전혀 다른 것이다. 이를 현재의 물가를 기준으로 환산해 보면, 물가상승률을 연 3%로 가정할 때 대략 현재의 2,000만 원과 같은 돈이고, 물가상승률을 연 4%로 가정하면 현재의 1,700만 원과 같은 돈이다.

따라서 실질적으로는(현재와 미래의 화폐가치를 동등한 물가수준으로 비교할 경우) 현재 등록금의 3.6배가 아닌 1.7배~2배 수준으로 볼 수 있으며, 실제 등록금 인상률과 물가상승률에 따라서는 이보다 더 낮은 배수가 될 수도 있다. 그뿐만 아니라 사람들의 현재와 미래의 소득에도 차이가 있을 것이기 때문에 이를 소득수준과 비교해 볼 수도 있다. 예를 들어 현재 연소득이 3,000만 원인 홍길동 씨에게 등록금 1,000만 원은 소득 대비 약 33%에 해당한다. 만약 소득상승률을 연 5%로 가정하면 19년 뒤 홍길동 씨의 연소득은 7,600만 원 정도가 될 것인데, 이때의 등록금 3,600만 원은 소득 대비 약 47%에 해당한다. 따라서 19년 뒤 홍길동 씨가 체감하게 될 등록금의 크기를 현재의 소득인 3,000만 원을 기준으로 비교해 보면 대략 1,400만 원(3,000만 원 대비 47%)의 가치로 느껴질 수 있다.

이처럼 19년이라는 긴 시간을 사이에 두고 만들어진 1,000만 원과 3,600만 원이라는 큰 차이는 막연히 상상하는 것보다 그리 크지 않은 것이다. 그렇다고 이 돈이 적다고 말하는 건 아니다. 다만, 최근 통계청 발표에 따르면 지난 10년 동안 국공립대학교의 등록금이 평균 115%(약 2.2배) 이상 올랐고, 사립대학교의 등록금이 평균 80%(약 1.8배) 이상 올랐으니까 그리 놀랄 만한 수준도 아니라는 점을 말하고 싶은 것이다.

이렇게 등록금 인상률을 반영하여 재무목표를 다음과 같이 설정해 줘야 한다.

향후 19년 동안 아이의 대학자금 1억 4,500만 원 마련

재무목표를 설정하고 나서는 목표자금 1억 4,500만 원을 마련하기 위해 지금부터 매월 얼마를 투자해야 하는 지 계산해 봐야 한다. 이는 수익률을 몇%로 가정할 것인지에 따라 크게 달라지는데, 예를 들어 수익률을 연평균 4%로 가정하면 매월 43만 원을 투자해야 하고, 연평균 10%로 가정할 때는 매월 23만 원을 투자해야 한다. 수익률이 높을수록 투자금액의 부담이 작아지는 대신 해당 수익률을 얻기 위해 감수해야 하는 투자위험은 커진다.

〈수익률별 투자금액 예시〉

목표자금	투자기간	수익률 (세후, 연복리)	투자금액 (매월)	투자원금 총액 (19년 누계)
1억 4,500만 원	19년	4.0%	43만 원	9,800만 원
		7.0%	32만 원	7,300만 원
		10.0%	23만 원	5,200만 원

* **수익률**: 연 단위 복리로 계산된 연평균 수익률을 말하며, 세금과 수수료 등 투자 비용을 공제한 후의 수익률을 가정한 것임. 이 책에서 말하는 수익률은 모두 이와 동일한 개념임.

* **연평균 수익률**: 투자기간 중 평균적인 수익률을 말함. 예를 들어 수익률이 연평균 10%라 함은 어떤 해에는 10%보다 높은 수익률이 나고, 어떤 해에는 마이너스 수익률이 나기도 하겠지만, 전체 투자기간 동안 수익률의 평균을 구해보면 연 10%라는 뜻임.

이를 참고해서 자신의 위험성향과 투자경험 등을 고려해 수익률의 기대치를 정하고, 현재의 저축여력과 향후 예상되는 소득 및 지출의 변화 등을 고려해 실제로는 매월 얼마를 투자할 것이지 결정하면 된다.(이 과정에 대해서는 제2장의 "사랑하는 우리 아이를 위한 대학자금 마련계획"에서 상세히 설명하겠다.) 지금 같은 경우 매월 43만 원을 투자할 수 있는 여유가 된다면 고민할 게 별로 없다. 투자기간 동안 연평균 4% 정도의 수익률을 얻으면 되므로 원금이 보장되는 은행의 적금과 정기예금에만 열심히 돈을 넣어도 목표자금을 마련하게 될 가능성이 있기 때문이다. 하지만, 그렇지 못하다면 투자금액 중 일부라도 위험은 크지만, 고수익을 기대할 수 있는 주식형펀드 등에 투자해야 할 필요가 있다.

당시 나는 딸이 태어나기 이전부터 몇 가지 다른 목적들을 위해 투자하던 중이었고, 아이 출생 이후 지출이 증가한 반면 아내는 육아휴직 중이어서 소득은 감소한 상태였기 때문에 그리 넉넉한 상황이 아니었다. 그렇다고 투자를 미룰 생각도 없었다. 그래서 수익률의 기대치를 연평균 10%로 정하여 국내 주식형펀드에 투자할 계획을 세웠지만 실제로는 이때 요구되는 투자금액의 절반 정도의 금액으로 투자를 시작했다. 하지만, 목표자금을 마련하기에는 많이 부족하다는 사실을 알고 있었기 때문에 그동안 자동이체 되는 투자액 외에 적은 돈이라도 수시로 추가입금을 해왔고, 아내가 복직한 이후에는 자동이체 금액을 한번 늘리기도 했다.

그뿐만 아니라 아이를 위해 돈을 모으는 대신 아이 때문에 지출되는 비용을 줄이기 위해서도 노력해 왔다. 그동안 아이의 옷, 장난감, 유모차 등 육아용품은 주변 사람들에게서 얻거나 인터넷 등을 통해 구입한 중고품을 주로 사용해 왔다. 아이가 자라면서 더 이상 필요 없게 된 물건들도 그냥 버리지 않고, 주변 사람들에게 나누어 주거나 인터넷 등을 통해 되판 돈으로 필요한 다른 중고품을 구입해서 사용해 왔다. 예방접종도 보건소에서 무료로 해주는 것은 한 번도 놓치지 않았다.

사실 나는 아이와 놀아 주고, 책을 읽어 주는 것 외에 육아에 관해서는 잘 모른다. 아내가 이런 노력을 해왔고, 나는 아내의 노력을 방해하지 않았을 뿐이다. 이렇게 해서 절약된 돈이 얼마인지는 정확히 알 수 없다. 하지만, 적은 돈이라도 아이를 위해 투자를 지속해 오는 데 도움이 되었다는 사실만큼은 분명하다.

나는 향후에도 목표한 자금이 마련될 때까지 지금처럼 투자를 계속할 것이다. 그리고 수익률이 기대에 미치지 못할 것에 대비해 푼돈이라도 수시로 추가 입금을 할 것이고, 자동이체 금액도 단계적으로 늘려나갈 것이다. 투자목적을 분명히 정하지 않으면 이처럼 구체적인 투자계획을 세우고, 행동에 옮기기 어렵다. 투자목적 없이 돈을 모으는 것은 여행을 떠나면서 목적지를 정하지 않고 길을 나서는 것과 같으며, 투자계획 없이 돈을 모으는 것은 목적지까지의 거리와 방향을 전혀 모른 채 길을 나서는 것과 같다. 이런 경우 목적지에 언제 도착하게 될지 알 수 없기 때문에 즐겁기보다는 지루하고, 두려운 여행이 될 것이다. 따라서 중도에 포기하거나 엉뚱한 곳에 가 있게 될 가능성이 크다.

여러 투자목적을 정하고, 목적별 투자계획을 수립하는 과정에서 다음의 3가지 사항을 반드시 고려해야 한다.

1. 원금 보존
2. 돈의 가치 보존
3. 실질수익 획득

사람들이 투자를 하는 이유는 대부분 목적이 무엇이든 목돈을 마련하기 위해서다. 그리고 이렇게 애써 모은 돈을 손해 보거나 잃어 버려도 괜찮다고 생각할 사람은 아무도 없다. 최악의 경우라도 원금은 돌려받기를 원할 것이다. 따라서 원금 보존에 대해 왜 고려해야 하는지는 더 이상 말할 것도 없다.

돈의 가치는 물가와 관련이 있다. 사람들은 오늘 번 돈을 전부 써버리지 않고, 그중 일부를 미래를 위해 투자한다. 그런데 그 사이 물가가 오른다. 물가상승은 곧 돈의 가치 하락을 뜻한다. 예를 들어 오늘 1,000원에 살 수 있는 빵이 1년 뒤 50원 올라 1,050원이 된다면 오늘 내 지갑에 든 1,000원을 1년 동안 잘 간직하더라도 빵을 사기에는 50원이 부족해진다. 지갑 속의 돈은 겉보기에는 여전히 1,000원(명목가치 1,000원)이지만 실질적으로는 그 가치가 50원 줄어든 셈(실질가치 950원)이다. 따라서 오늘 배고픔을 참고, 1,000원을 아껴 두어도 1년 뒤에 또다시 배고픔을 참아야 할지 모른다. 이 문제를 해결하려면 지갑에서 돈을 꺼내 50원의 수익을 얻을 수 있도록 투자해야 한다.

즉, 돈의 가치를 보존하기 위해 물가상승률과 동등한 수익률을 얻을 수 있도록 투자해야 한다는 뜻이다. 그렇지 못하면 아무리 애써 돈을 모아도 손해를 보는 결과가 되며, 시간이 지날수록 물가가 상승하는 만큼 손해가 누적되어 커진다. 그런데 물가상승률과 동등한 수익률을 얻게 되더라도 문제가 없지는 않다. 왜냐하면, 이 경우 내가 가진 돈의 가치가 줄지는 않지만 늘지도 않기 때문이다. 오늘 빵 하나를 사도 남는 게 없고, 1년 뒤 빵 하나를 사도 남는 게 없다면 투자해서 얻게 되는 수익은 전혀 없는 것이나 다름이 없다. 단 1원이라도 남아야 수익을 얻었다고 말할 수 있다. 이처럼 투자수익에서 물가상승분을 제한 뒤 남게 되는 수익을 실질수익이라고 하는데, 이를 얻기 위해서는 물가상승률보다 높은 수익률을 얻을 수 있도록 투자해야 한다.

투자목적이 무엇이든 이 3가지 사항 중 어떤 것에 더 무게를 두고 투자할 것인지에 따라 요구되는 수익률이 달라지기 때문에 감수해야 하는 위험도 달라진다. 요구되는 수익률은

원금 보존 〈 돈의 가치 보존 〈 실질수익 획득

순으로 증가하며, 감수해야 하는 위험도 같은 방향으로 증가한다. 따라서 원금 보존에 무게를 둘수록 채권(예금, 적금, CMA, MMF, 채권형펀드, 금리연동형 저축성보험 등 저위험저수익을 추구하는 채권형금융상품을 말함) 투자 비율을 높여야 하고, 실질수익 획득에 무게를 둘수록 주식(주식형펀드, 변액유니버설보험 등 고위험고수익을 추구하는 주식형금융상품을 말함) 투자 비율을 높여야 한다.

문제는 어떤 경우에 원금 보존에 무게를 두고, 어떤 경우에 실질수익 획득에 무게를 둘 것인가 하는 점인데, 정답은 없지만 나는 주로 투자기간에 따라 선택할 것을 권한다. 투자기간이 단기라면 원금 보존에 무게를 두어 채권투자 비율을 높이고, 장기라면 위험이

증가하더라도 실질수익 획득에 무게를 두어 주식투자 비율을 높이는 식이다.

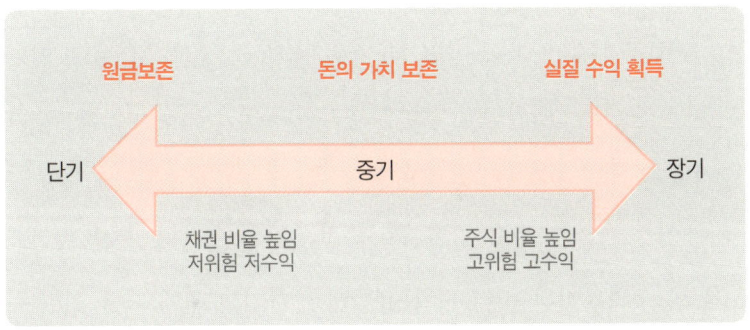

* 투자기간을 단기, 중기, 장기 등으로 구분할 때 정해진 기준은 없지만, 재무설계사들은 통상 3년 이하를 단기, 3년~10년 이하를 중기, 10년 이상이면 장기 등으로 구분한다. 그리고 중기 이상의 투자기간을 확보할 수 있을 때에만 투자계획에 주식을 편입시킬 것을 권한다.

이해를 돕기 위해 내 딸의 대학등록금 마련을 위한 투자계획에 대해 다시 살펴보겠다.

아이가 대학에 입학하기까지는 약 19년이 남았다. 그리고 나의 계산대로라면 그 시점에 약 1억 4,500만 원이 필요하다. 매월 43만 원을 투자할 수 있다면 연평균 4% 정도의 수익률만 얻으면 되기 때문에 채권형펀드에만(채권투자 비율 100% 가정) 열심히 투자해도 목표자금을 마련하게 될 가능성이 있다. 하지만, 그렇더라도 신중히 생각해 볼 게 있다. 만약 같은 돈을 주식형펀드에(주식투자 비율 100%

가정) 투자하여 연평균 10%의 수익률을 얻게 된다면 목표자금 외에도 1억 원(이는 명목가치로 19년간 투자원금 총액보다 많은 수익이다.) 이상을 더 모을 수 있거나 목표자금 마련 시기를 5년 이상 단축할 수 있다. 따라서 이 두 가지 상황만 놓고 볼 경우 연평균 4%의 수익률을 얻기 위해 돈을 전부 채권형펀드에만 투자한다면, 1억 원 이상의 추가 수익을 얻을 수 있는 기회 또는 목표자금 마련 시기를 5년 이상 단축시킬 수 있는 기회를 원천적으로 포기하는 셈이다. 물론 연평균 10%의 수익률이라는 것은 확정된 게 아니기 때문에 이를 얻기 위해서는 예측하기 어려운 위험을 감수해야만 한다. 따라서 그 뒤에 잠재된 이익을 얻기 위해 위험을 감수할 것인지를 판단해야 하는데, 이는 투자자 개인의 몫이다.

이번에는 상황을 바꿔 아이가 대학에 입학하기까지 1년밖에 남지 않았다고 가정해 보겠다. 그리고 당장 급한 첫 학기 등록금 500만 원을 마련하기 위해 투자계획을 세운다고 가정해 보겠다. 수익률을 연 4%로 가정할 경우 매월 41만 원을 투자하면 1년 뒤 필요한 자금을 마련할 수 있다. 수익률을 연 10%로 가정하면 이보다 18만 원 정도를 더 모을 수 있고, 연 50%로 가정하면 117만 원 정도를 더 모을 수 있다. 만약 연 4%의 수익률을 얻기 위해 은행 적금에 투자한다면 목표자금 외에 추가수익을 기대할 수는 없지만, 첫 학기 등록금을 납부하는 데는 문제가 없다. 반면에 주식형펀드에 투자하여 연 10%의 수익률을 얻게 된다면 18만 원의 추가 수익이 생긴다. 하지만, 투자하는 동안 주가가 하락하면 손해를 보는 것으로 끝나는 게 아니라 등록금 낼 돈이 부족해 난처한 문제까지 생기게 된다. 18만 원이라는 추가 수익을 얻기 위해 감수하기에는 무척 부담스런 위험이다. 물론 운이 좋아 연 50%가 넘는 수익률을 얻게 된다면 100만 원이 넘는 추가 수익이 생기겠지만, 반대로 운이 좋지 않으면 그 이상 손해를 볼 수 있기 때문에 상황은 크게 다르지 않다고 봐야 한다.

즉, 감수해야 하는 위험이 매우 큰 반면에 기대할 수 있는 보상은 적다는 뜻이다. 이는 투자목적이 중대하고, 자금의 필요 시기가 가까이 있기 때문에 생기는 문제이다. 따라서 이런 경우 원금 보존에 무게를 두고 투자해야 한다. 그렇지 않고 욕심을 부리면 소탐대실할 수 있다. 그리고 흔히 말하는 복리효과라는 것도 투자기간이 짧으면 그 효과가 미미하기 때문에 이런 경우 고위험 고수익을 추구하는 투자전략은 여러모로 이점이 별로 없다. 따라서 투자기간을 충분히 확보하기 어렵다면 실질수익 획득보다는 원금 보존에 무게를 두고 투자계획을 세워야 한다.

◉ 세 번째 습관
돈, 어떻게 벌 것인가

나의 딸이 태어났을 때 아내는 2주 동안 산후조리원에 머물렀다. 그때 우리 부부는 산후조리원을 출입하시던 한 할아버지를 만났다. 작명가 할아버지였다. 겉으로 보기에도 70세는 족히 넘어 보이셨는데, 머리카락을 8:2로 가르고, 말끔한 양복차림에 007가방을 들고 다니셨다. 정정한 기색이 무늬만 노인이었다. 그 할아버지께 아이의 이름을 부탁드렸다. 할아버지는 이름을 지어 주시면서 사주 풀이도 해주셨고, 서비스로 나와 아내의 사주와 이름 풀이까지 함께 해주셨다. 아이의 이름이 무척 마음에 들었고, 사주가 좋다는 말에 기분도 좋았다. 그때 나는 아이의 이름을 돈 주고 사기 위해 그 자리에 앉아 있다는 느낌보다는 마치 이웃의 자상한 할아버지에게서 축하와 덕담을 받는다는 느낌을 받았다. 그리고 '이렇게 건강하고, 즐겁게 노후를 보내는 분이 있구나!'라는 생각을 했다.

당시 아내의 말에 따르면 산후조리원에 머문 2주 동안 내 딸 외에도 10명 정도의 아기들이 그 할아버지에게서 이름을 지었다고 했다. 아이의 이름을 짓기 위해 내가 지불했던 돈이 10만 원이니까, 할아버지는 2주 동안 100만 원 정도를 버셨을 것이다. 한 달이면 200만 원이라는 계산이 나온다. 그런데 그 할아버지가 아내가 머물던 산후조리원 한 곳만 다니지는 않았을 것이다. 적어도 두 곳 이상을 왕래하셨을 것이다. 그뿐만 아니라 산후조리원 외에 산부인과병원 등 다른 곳도 왕래하셨을 것이다. 당시 내가 아무리 적게 계산해 봐도 할아버지의 소득은 월 500만 원이 족히 넘을 것이라는 생각이 들었다. 그리고 손자뻘 되는 젊은 사람들에게 즐거움을 주면서 하루하루를 바쁘게 보내시는 그 할아버지에게 노후의 불안감 따위는 진작부터 없었을 것이라는 생각도 함께 들었다. 내 딸의 이름을 지어 주신 작명가 할아버지의 사례를 통해 내가 하고 싶은 말은 이렇다.

노후에 적은 돈이라도 꾸준히 벌어들일 수 있는 직업을 갖게 된다면 노후자금을 많이 모아 두지 못했더라도 바쁘고, 즐거운 노후를 보낼 수 있을 것이다. 그리고 이상적인 노후의 직업은 그 할아버지처럼 사람들에게 연륜과 땀이 섞인 지식을 전달하는 일일 것이다. 많은 체력을 소모하지 않을 것이므로 건강이 몹시 나쁘지만 않다면 지치지 않고 오래 일할 수 있을 것이다. 그뿐만 아니라 많은 자본이 들지 않기 때문에 퇴직금이나 모아둔 재산을 잃게 될 위험도 적다. 따라서 젊어서부터 자기계발이나 직무개발 등을 열심히 해서 특정 분야의 전문가가 된다면 그 작명가 할아버지처럼 은퇴하지 않고도 노후를 바쁘고, 즐겁게 보낼 수 있을 것이다. 이런 경우 설령 노후자금을 한 푼도 모아 두지 못했더라도 빈손으로 노후를 맞는 게 전혀 두렵지 않을 것이다. "부자 되는 돈 관리 습관"의 세 번째 질문에 대한 해답은 바로 내 딸의 이름을 지어 주신 작명가 할아버지에게서 찾을 수 있다.

돈, 어떻게 벌 것인가? <u>돈이 되는 지식이나 기술을 쌓는다.</u>

대부분의 사람들은 직장에 다니든, 자영업을 하든 한정된 소득을 기반으로 평생 살아간다. 따라서 사람들이 일생 동안 버는 돈의 총량은 정해져 있다고 해도 과언이 아니다. 이처럼 소득은 제한적인데 반해, 돈 쓸 일은 많기 때문에 돈 걱정이 생긴다. 그리고 나이가 늘고, 자녀들이 커가면서 마음 한 켠에 미래의 불확실성 때문에 느껴지는 막연한 불안감도 늘어 간다. 그런데 사람들이 일생 동안 버는 돈의 총량을 100으로 볼 경우 이중 대부분을 30대~50대에 벌게 된다. 이후에는 소득이 없거나 급격히 감소하는 게 일반적이다. 따라서 사람들의 기대수명을 80세로 본다면 30년 동안 버는 돈으로 50년 동안 살아야 한다는 계산이 나온다.

이는 어떻게 보면 현재 우리가 버는 돈 중 일부는 노후에 얹게 될 소득을 미리 당겨 받는 것임을 뜻한다. 즉, 현재 소득의 일부는 미래의 (노후의) 우리 자신으로부터 가불받고 있는 셈이다. 따라서 지금 우리가 얼마를 벌든 상관없이 이렇게 가불받은 돈을 제하고 나면 실제 소득은 눈에 보이는 것보다 훨씬 적다고 봐야 한다. 하지만, 대부분의 사람들은 이 가불금 중 일부 또는 전부를 현재의 삶을 위해 써버릴 수밖에 없는 환경 속에 살고 있다. 소득 상승은 둔한 반면, 의식주와 자녀교육 등에 들여야 하는 필수 비용은 날로 증가하고 있기 때문이다. 게다가 고용 불안과 정년 단축 등의 문제로 돈을 벌 수 있는 기간은 짧아지고 있는데 반해 기대수명의 증가로 돈을 써야 하는 기간은 늘고 있다.

따라서 이렇게 젊어서 미리 받아 써버린 가불금은 결국 노후에 부담해야 할 부채로 남게 될 것이다. 그리고 이 부채가 많을수록 나이가 들어가면서 돈 걱정도 커질 게 분명하다. 이런 부담을 덜기 위해서는 돈을 계획적으로 쓰고, 열심히 모으는 것도 중요하지만 일생 동안 벌게 될 돈의 총량을 늘리기 위한 노력을 함께하지 않고서는 한계가 있을 수밖에 없다. 특히 소득이 적기 때문에 더 이상 적게 쓸 것도 없다고 느끼는 사람들에게는 이러한 노력이 가장 중요한 문제일 수 있다.

내가 보기에 이 총량을 늘릴 수 있는 방법은 크게 두 가지다. 하나는 젊어서 소득을 늘리기 위해 노력하는 것이고, 또 다른 하나는 노후에 적은 돈이라도 오랫동안 벌기 위해 노력하는 것이다. 둘 다 가능하다면 더할 나위 없이 좋겠지만 둘 중 하나만 가능해도 돈 걱정을 많이 줄일 수 있을 것이다. 그리고 둘 모두 많은 노력과 시간을 들여서 준비해야 가능한 일이다. 이를 위해 가장 좋은 방법은 자신이 몸담고 있는 업종이나 평소에 관심 또는 흥미를 갖고 있는 분야에 관한 전문 지식을 쌓기 위해 열심히 책을 읽고, 공부하는 습관을 들이는 것이라고 생각한다. 이렇게 쌓은 지식을 활용해 경험적 지식까지 갖추게 된다면 그것이 누적되어 언젠가 돈을 버는 무기로 바뀔 것이다.

《공부하는 독종이 살아남는다》라는 책이 있다. 정신과 전문의로 유명한 이시형 박사님이 쓴 책인데, 베스트셀러이기 때문에 많은 독자들이 읽어봤을 것이다. 제목이 다소 자극적이지만 인생을 오래, 그것도 성공적으로 살아오신 분이 젊은 사람들에게 진솔하게 전하는 메시지가 마음에 많이 와 닿는 책이다. 제목만으로도 그 내용을 짐작할 수 있으리라 생각하여 책 내용에 대한 소개는 생략하겠다. 아직 읽지 못했다면 한번 읽어 보기를 권한다.

사실 나는 살아남기 위해 책을 읽고, 공부를 해야 한다고까지는 생각하지 않는다. 그리고 꼭 돈을 벌기 위해 그렇게 해야 한다고 생각하지도 않는다. 책을 읽는 동안 즐겁다면 그것만으로도 값진 경험이라 생각한다. 책은 마음의 양식이라는 아주 식상한 말이 있지만 내 주변에 책 읽기를 좋아하는 사람들을 보면 이 말의 참뜻을 알고 있는 듯하다. 책 읽을 시간이 없다고 말하는 사람들도 간혹 보게 되지만 요즘 세상에 시간이 남아돌아서 책을 읽는 한가한 사람들은 많지 않다. 책 읽기를 좋아하는 사람들은 매일 10분, 20분이라도 시간을 쪼개서 책을 읽는다. 그러면 한 달에 한두 권이라도 읽을 수 있기 때문에 1년이면 12권 이상, 10년이면 120권 이상 읽을 수 있다. 돈뿐만 아니라 시간도 티끌 모아 태산이 될 수 있는 것이다. 우리가 일생 동안 버는 돈의 총량이 유한하듯 우리에게 주어진 시간도 유한하다. 돈이든 시간이든 유한한 자원을 소중히 다루고, 사용할 때 우리의 삶이 즐겁고, 행복해질 것이다. 나는 그렇게 믿는다.

지금까지 "돈 걱정을 줄이기 위한 가장 좋은 습관", 아니 "부자 되는 돈 관리 습관"에 대해 이야기했다. 요약하면,

- 지출의 한도를 정하고, 그 이상 안 쓴다.
- 투자목적을 분명히 정하고, 투자한다.
- 돈이 되는 지식이나 기술을 쌓는다.

이 3가지 습관을 들이라는 것인데, 여기에 몇 가지 더 덧붙여 말하겠다.

이유가 무엇이든 사람들이 하는 돈 걱정은 대게 두 가지로 압축된다. 하나는 쓸 돈이 부족하다는 것이고, 또 다른 하나는 돈이 모이지 않는다는 것이다. 쓸 돈이 부족하다고 말하는 사람은 두 가지 걱정을 함께한다. 쓸 돈이 부족하지는 않지만, 돈이 모이지 않는다고 말하는 사람도 언젠가는 두 가지 걱정을 함께하게 된다. 왜냐하면, 시간이 지나면서 여러 가지 이유로 돈 쓸 일이 늘어나기 때문이다. 평소에 모아둔 돈은 없고, 지출이 증가하는 만큼 소득이 똑같이 늘지는 않기 때문에 언젠가는 쓸 돈이 부족해질 수밖에 없다.

최근 경기불황으로 사람들의 살림살이가 이전의 어느 때보다 팍팍해진 건 분명한 사실이지만, 이렇게 생긴 돈 걱정은 꼭 돈을 적게 벌고, 많이 벌고의 문제만은 아닌 듯하다. 매월 200만 원을 버는 사람이나, 매월 300만 원을 버는 사람이나 돈 걱정을 하는 이유를 들어 보면 크게 다르지 않다. '버는 돈은 뻔한데, 돈 쓸 일은 많고, 돈은 안 모이고….' 매월 400만 원을 버는 사람도 그렇게 말하고, 매월 500만 원을 버는 사람도 그렇게 말한다. 심지어 매월 1,000만 원을 넘게 버는 사람 중에서도 그렇게 말하는 사람들이 있다.

내가 보기에 돈 걱정의 원인은 불가항력적인 문제 때문에 생기는 경우도 분명히 있지만 이외에 자기 자신을 통제하는 능력과도 많은 관련이 있는 듯하다. 자기통제력이 강한 사람은 지출욕구를 억제하거나 뒤로 미룰 줄 알고, 돈을 쓸 때에도 신중한 편이다. 그리고 오늘은 불편해도 내일이면 이에 대한 보상이 따를 것이라는 믿음을 갖고 있다. 반면에 자기통제력이 약한 사람은 일단 쓰고 보자는 생각을 한다. 충동적이고, 마음이 급하기 때문에 뭔가 사고 싶은 게 있는데 당장 사지 못하면 밤잠을 설치기도 한다. 지출욕구를 쉽게 통제하지 못하는 것이다. 꼭 필요치도 않은 물건을 자주 사서 집안 여기저기에 쌓아 두기 때문에 이사할 때마다 버리고 가는 짐이 산더미처럼 많은 경우도 있다. 내가 보기에 사람들은 대부분 이 두 가지 성향을 동시에 갖고 있되 어느 한 쪽으로 조금 기울어져 있다. 당신의 몸이 어느 방향으로 기울어 있는지는 스스로 알고 있을 것이다. 그것이 당신이 원하는 방향이기를 바란다.

만약 세상 모든 사람들이 똑같이 매월 100만 원을 번다면 대부분의 사람들은 그 돈을 전부 쓰고 싶어할 것이다. 실제로 어떤 사람은 자신이 원하는 정도껏 100만 원에 맞추어서 지출하기 때문에 돈을 모으지 못한다. 그리고 시간이 지나면서 지출이 수입을 초과하는 지경에 이른다. 반면에 어떤 사람은 3년 동안 목돈 1,000만 원을 모으기 위해 지금부터 매월 30만 원 이상 저축하겠다는 식의 뚜렷한 계획과 목표를 갖고 있다. 그리고 이 목표를 달성하려면 자신에게 허용되는 지출수준이 매월 70만 원이라는 사실을 알기 때문에 생활이 좀 불편해지더라도 한도를 70만 원에 맞추어서 지출한다. 그러면서도 만족감을 느낀다. 왜냐하면, 3년 뒤 손에 쥐게 될 1,000만 원에 대한 기대감이 크기 때문이다. 단순히 돈 1,000만 원 때문이 아니라, 그 돈으로 자신이 계획한 무언가를 할 수 있다는 기대감이 큰 것이다. 이 두 상황 중 당신이 어떤 선택을 하는지에 따라 미래에 짊어져야 할 돈 걱정의 무게는 반드시 달라질 것이다.

찰스 디킨스의 소설,《크리스마스 캐럴》에서 스크루지 영감이 했던 말을 소개하며 이번 장을 마무리하려 한다. 사실 나는 이 책을 직접 읽지는 않았다. 하버드 대학교 졸업생들의 삶을 연구한《행복의 조건》(조지 베일런트 著, 프런티어 刊, 재인용)이라는 책에 인용된 말인데, 여기에도 옮겨 본다.

"인간의 삶에는 저마다 독특한 결말이 기다리고 있다. 그 예정된 길을 꾸준히 따라가다 보면 반드시 그 결말에 도달하게 될 것이다. 그러나 그 길에서 이탈하면, 생의 결말도 바뀔 것이다."

제2장

사랑하는 우리 아이를 위한 대학자금 마련 계획

· 1단계 ·
투자계획의 수립과 실행방법

대부분의 대학에는 학교 축제와 함께 매년 반복되는 대학생들의 행사가 있다. 등록금 인상에 반대하여 벌이는 시위가 바로 그것이다. 내가 대학에 다니던 90년대나 지금이나 각 대학에서는 등록금 인상에 반대하는 대학생들의 시위가 연례행사처럼 매년 벌어지고 있다. 그런데 나는 최근의 등록금 시위가 내가 대학에 다닐 때 했던 그것과는 성격이 많이 다르다고 느낀다. 요즘 등록금 시위를 하는 대학생들의 모습을 보면 단순히 등록금 인상에 반대하는 게 아닌, 기업주를 상대로 생존권 투쟁을 벌이는 근로자들의 모습에 가깝게 느껴진다. 자신과 부모의 생존권을 지키려고 벌이는 그런 투쟁 말이다. 내가 사는 곳 인근에도 대학교가 하나 있는데, 출퇴근 길에 그 대학의 교정을 지날 때가 있다. 금년 새 학기 때는 십여 명의 대학생들이 교내에 천막을 치고, 등록금 인상에 반대하는 단식 농성을 벌이는 모습을 보았다. 그리고 차가운 바람을 맞으며, 비닐 천막 안에서 밥을 굶고 앉아 있는 자녀들의 모습을 부모들이 직접 보게 된다면 심정이 어떨까 하는 생각이 들었다. 그 마음은 내 아이가 자라서 그 자리에 앉아 있는 상상을 해 보니 쉽게 느낄 수 있었다. 오래전부터 계속되어 온 대학과 학생들 간의 등록금 시비가 이제는 국가와 국민 간의 시비로까지 번지는 양상이다. 세상이 좀처럼 바뀌지가 않는다. 우리 사회에서 교육은 배움이 아니라 값비싼 상품이 되어 버린 지 이미 오래다. 문제는 포기하기 어려운 필수품이기 때문에 많은 사람들에게 근심을 안겨준다는 점이다.

대학 수는 계속 늘어온 반면 학생 수는 감소하고 있기 때문에 향후 많은 대학들이 위기에 처할 것이라 예상이 되지만 살아남기 위해 등록금을 낮추기보다는 문을 닫는 대학들이 훨씬 더 많으리라 생각한다. 뭐든지 올리기는 쉬워도 내리기는 어려운 법이다.

세상이 바뀌기를 기대하기보다는 아이가 어릴 때부터 조금씩이라도 필요한 자금을 마련해 나가는 게 상책이라는 생각이 앞선다. 혹시 이렇게까지 애써 자녀들을 꼭 대학에 보내야 하느냐고 생각하는 독자들이 있을지 모르겠다. 하지만, 자녀들이 대학에 안 가든,

못 가든 대학자금으로 모아 둔 돈이 있다면 이를 자녀의 특기와 적성을 살려 줄 수 있는 다른 성격의 공부를 하는데 지원해 주거나 자립 밑천으로 제공해 줄 수도 있기 때문에 문제를 꼭 대학교육에 한정 지을 필요는 없다. 아이들을 부자로 만들자는 게 아니라 미래에 겪게 될지 모를 난처한 상황을 피해가기 위해 최소한의 대비를 하자는 것이다. 그러면 지금부터 아이의 대학자금을 마련하기 위해 투자계획을 수립하고, 실행하는 과정에 대해 안내하겠다. 그리고 제3장에서는 부모의 노후자금 마련 계획에 관해서도 함께 이야기할 것이다.

나는 이 두 가지 목돈 마련 계획은 반드시 함께 계획되고, 실행되어야 한다고 생각한다. 많은 사람들이 자신보다는 자녀들을 위해 돈을 쓰고, 모으지만, 부모의 노후준비도 결국은 자녀들을 위한 것이라는 생각을 좀처럼 하지 못한다. 부모가 노후에 돈 걱정 때문에 시름에 잠긴다면 이를 바라보는 자녀들의 마음이 편할 리 없다. 따라서 자녀들을 위해 쓰는 비용을 줄여서라도 평소 부모의 몫을 조금씩 챙겨 두어야 한다. 멀리 보면 이것 역시 자녀들을 위한 일이다.

투자목적이 무엇이든 목돈 마련을 위해 투자계획을 수립하고, 실행하는 방법은 크게 두 가지 형태로 구분할 수 있다. 첫 번째 방법은 일정기간 돈을 모으고, 이렇게 만든 종자돈으로 투자에 나서는 것이다. 예를 들어 매월 100만 원을 저축할 수 있다면 1년 동안 적금에 들어 1,200만 원을 모은 뒤 이것을 종자돈 삼아 경기변동과 투자환경 변화에 대응하면서 주식, 채권, 부동산 그리고 다양한 금융상품 등을 오가면서 투자하는 식이다. 위험관리를 위해 골고루 분산투자를 할 수도 있을 것이다. 투자전문가들이나 재테크전문가들이 주로 이런 식의 투자를 권한다. 고수익을 얻거나 재테크를 통해 큰돈을 벌고 싶다면 이런 방법 위주로 장기간 반복해서 투자해야 한다. 시기마다 적절한 투자대상을 선정하고, 매입과 매도 타이밍을 잘 맞추기만 한다면 고수익을 얻게 되지만 판단이 잘못될 경우 크게 손해 볼 수 있다. 따라서 투자지식과 경험이 많지 않은 사람들에게는 권하기 어려운 투자 방법이다.

두 번째 방법은 삶의 (지출) 계획에 맞추어 다양한 투자목적을 정하고, 목적별로 돈을 나누어서 꾸준히 투자하는 것이다. 예를 들어 매월 100만 원을 저축할 수 있다면 자녀 대학자금 마련을 위해 10만 원, 노후자금 마련을 위해 20만 원, 주택자금 마련을 위해 70만 원을 투자하는 식이다. 즉, 투자목적별로 투자기간, 투자금액 등을 결정한 뒤 목표한 자금이 마련될 때까지 또는 애초 계획한 투자기간이 끝날 때까지 지속적으로 투자해 나가는 방법이다. 재무설계전문가들이 주로 이런 식의 투자를 권한다. 큰돈(수익)을 벌 수 있는 방법은 아니지만, 목돈이 필요한 시기를 예상하고, 그 시기에 맞추어 돈을 모아가는 방식이기 때문에 원리를 이해하고, 기본적인 투자지식만 갖춘다면 실행해 나가기에 어렵지 않다.

또한, 단기적인 경기변동이나 투자환경의 변화에 민감하게 대응하지 않는 것을 전제로 하기 때문에 투자지식과 경험이 많지 않은 대부분의 사람들에게 권할 수 있는 투자방법이다. 이 책에서는 두 번째 방법에 의해 투자계획을 수립하고, 실행하는 과정에 대해서만 안내할 것이다.

• 2단계 •
투자계획의 우선순위

　본론으로 들어가기 전에 고민해 볼 문제가 하나 있다. 투자계획의 우선순위에 관한 것이다. 우리에게 돈 걱정을 한 아름 안겨주는 3대 걱정거리가 있는데, 자녀교육 걱정, 노후 걱정, 집 걱정이 바로 그것이다. 만약 이 3가지 문제를 국가에서 완전히 해결해 준다면 우리가 하는 돈 걱정의 무게는 획기적으로 줄어들 것이다. 이 3대 걱정거리는 돈 먹는 하마들과도 같아서 일생에 걸쳐 큰 비용을 요구하지만, 어느 것 하나 외면하기 어렵다는 게 큰 문제이다. 그래서 사람들에게 돈 걱정을 가득 안겨 주는 것이다. 이에 대응하는 가장 좋은 방법은 이 하마들을 먹이는 데 필요한 자금을 마련하기 위해 일찍부터 하나 둘 준비해 나가는 것임은 두말할 것도 없다. 그렇게 해서 준비를 한다면 문제를 완전히 해결하지는 못하더라도 언젠가 하마들이 굶주린 채 나를 덮치게 될 큰 위험은 피해갈 수 있을 것이다. 이 3대 걱정거리에 대응하기 위해 아이의 대학자금 마련, 노후자금 마련, 주택자금 마련, 이렇게 3가지 목적을 정하여 투자한다고 생각해 보자. 이중 현재 당신의 입장에서 중요한 정도를 기준으로 투자계획의 우선순위를 정한다면 어떤 게 1순위라고 생각하는가? 그다음 2순위, 3순위는 어떤 것이라고 생각하는가?

답을 정했는가?

어린 자녀, 특히 취학 전 자녀를 둔 독자들이라면 아마 주택자금 마련이 1순위라고 생각하는 경우가 가장 많을 것이다. 이미 주택을 소유한 경우 대출금 상환이나 주거여건 또는 교육환경 등이 좀 더 좋은 집으로 옮겨 가기 위해 필요한 자금도 주택자금의 범위에 포함된다.

이번에는 같은 질문이지만 형태만 바꿔서 다시 질문해 보겠다.

지금 당신 앞에 지니가 나타나서 소원을 들어준다고 상상해 보자. 알라딘과 요술램프 이야기에 등장하는 램프의 요정을 말하는 것이다. 지니가 당신을 위해 들어줄 수 있는 소원은 다음의 3가지이다.

- 첫째, 궁전 같은 집을 평생 무상으로 제공한다.

- 둘째, 아이의 교육을 무기한 책임져 준다.

- 셋째, 노후에 필요한 생활비와 의료비를 평생 책임져 준다.

그런데 모든 소원을 들어주는 게 아니라 이 중 딱 1개만 들어준다. 하나를 선택하는 순간 다른 2개의 소원은 영원히 포기해야 한다. 그렇다면, 어떤 소원을 들어 달라고 하겠는가?

답을 정했는가?

만약 소원을 1개 더 들어준다면 다음은 어떤 것을 선택하겠는가? 역시 남게 되는 1개의 소원은 영원히 포기해야 한다.

답을 정했는가?

그렇다면, 당신이 정한 투자계획의 우선순위는 1순위가 첫 번째 고른 소원일 것이고, 2순위는 두 번째 고른 소원일 것이다. 남은 1개의 소원은 자연히 3순위가 될 것이다. 이렇게 정한 우선순위와 앞서 정한 우선순위가 일치하는가? 만약 일치하지 않는다면 뒤에서 정한 것이 당신에게 진정한 우선순위일 가능성이 크다.

내가 젊은 엄마 아빠들에게 첫 번째 방식으로 질문을 해보면 1순위 주택자금, 2순위 아이의 대학자금, 3순위 노후자금이라고 대답하는 경우가 가장 많다. 그리고 이때의 우선순위는 자금이 필요한 시간 순서와도 일치한다. 하지만, 두 번째 방식으로 다시 질문을 해 보면 첫 번째 소원은 아이의 교육이라고 말하는 경우가 가장 많다. 설령 다른 건 전부 포기하더라도 아이의 교육만큼은 포기하기 어렵다고 생각하기 때문이다. 그리고 두 번째 소원은 일단 집을 선택하는 사람들이 가장 많다. 돈 안 들이고, 궁전 같은 집에서 평생 살 수 있다면 얼마나 좋겠는가? 당연한 선택일 수 있다. 자연히 노후가 마지막에 남는다. 하지만, 집을 선택하는 순간 노후의 생활비와 의료비를 영원히 포기해야 하는데, 집 걱정 없이 지내는 게 더 중요한지 아니면 노후에 돈 걱정 없이 지내는 게 더 중요한지 한 번만 더 신중히 판단해 보라고 요구하면 이때는 한참 고민하는 사람들이 생긴다. 그리고 전부는 아니지만, 그중 많은 사람들이 두 번째 소원은 노후를 선택하겠다고 생각을 바꾼다.

　이런 사례를 일반화하기는 어렵지만, 사람들이 생각하는 투자계획의 우선순위는 이처럼 자신이 그렇다고 여기는 것과 실제로는 다른 경우가 많다. 어차피 모두 중요한 일들인데, 우선순위를 정하는 게 무슨 의미가 있느냐고 생각하는 독자들이 있을 것이다. 하지만, 이는 매우 중요한 문제이다. 사람들은 대게 급하다고 생각하는 일에 몰두하게 마련이다. 그래서 중요한 일이라도 급하지 않다고 생각되면 소홀히 하는 경향이 있다. 그러면서 시간 순서대로 하나씩 문제를 해결해 나가려고 한다. 당연할 수 있지만 나는 돈과 관련된 계획을 세우고, 투자해 나가는데 있어서는 그렇지 않다고 생각한다. 급하지 않은 일도 언젠가는 급한 일이 될 게 분명하고, 피해 갈 수도 없기 때문에 중요한 정도를 기준으로 우선순위를 세우고, 여의치 않더라도 준비를 병행해 나갈 필요가 있다.

물론 발등에 불 떨어진 일이라면 당장 서둘러서 해결해야 하지만 그렇지 않은 일의 경우 단순히 시간 순서대로 우선순위를 정하게 되면 나중 일은 나중에 생각하자는 식이 되기 때문에 장기적인 투자계획을 수립하고, 실행해 나가는 데 도움이 되지 않는다. 눈앞에 보이는 높은 봉우리 뒤에 가려진 또 다른 여러 개의 높은 봉우리들을 넘기 위해 체력을 분배해야 할 필요가 있다.

사실 내가 이런 주장을 하는 이유는 집 문제 때문이다. 주택자금 마련 계획은 많은 사람이 1순위라고 생각하지만, 답을 구하기 가장 어려운 문제이기도 하다. 짧게는 수년에서 길게는 10년 넘게 돈을 쏟아 부어도 결국 은행의 도움 없이는 내 집 마련이 어려운 실정이기 때문이다. 특히 서울과 수도권 지역에 거주하는 사람들은 집을 구입하는데 10년 이상, 대출금 갚는데 10년 이상, 이렇게 내 집 마련을 위해 20년 이상 시간을 들여야 하는 경우가 흔하다. 2008년

금융위기를 전후로 해서 최근까지 서울과 수도권 지역의 집값도 많이 하락했거나 정체된 지역이 많지만 그렇다고 크게 달라진 상황은 아니다. 여전히 집값은 무척 비싸다. 이렇다 보니 주택자금 마련은 그 자체로도 어려운 일이지만, 다른 투자계획을 실행하는데도 큰 걸림돌이 된다.

아이의 대학자금이나 노후자금 마련은 적은 돈이라도 아이가 어릴 때부터 일찍 투자를 시작한다면 나중에 하게 될 돈 걱정의 무게를 크게 줄일 수 있다. 하지만, 많은 사람들이 집에 돈을 쏟아 붓느라 이런 귀중한 시기를 놓치고 있다. 현재 40대 이상인 사람들을 보면 30대 때는 시간이 많이 남았다는 생각 때문에 아이의 대학자금과 노후자금 마련 준비를 미룬 경우가 많다. 그리고 지금은 자녀들의 사교육비 증가와 가계의 지출규모가 커져서 당장 쓸 돈도 부족하기 때문에 미루는 경우가 많다. 앞에서 미루고, 뒤에서도 미루면 결국 언젠가는 준비 없이 때를 맞아야 한다. 집을 팔아서 작은 집이나 전세로 옮긴 뒤 남게 되는 돈으로 자녀들을 대학에 보내고, 노후자금으로 쓰는 것도 좋은 생각일 수 있다. 하지만, 그 사이 집값이 오르지 않거나 많이 하락하면 어쩔 것인가? 아니면 뜻대로 되지 않아 내 집 마련을 못하고, 다른 준비도 미루다 못했다면 그때는 어떻게 할 것인가?

나는 집값이 오르든 떨어지든 쓰러져 가는 초가집이라도 오랫동안 마음 편히 눌러 살 수 있는 내 집이 있어야 한다고 생각하는 사람이다. 그렇기 때문에 다른 사람들에게 주택자금 마련 계획이 다른 계획에 비해 중요하지 않다고 말해 본 적은 없다. 미혼인 사람들에게는 결혼자금 마련 계획의 주된 목표를 내 집 마련에 둘 것을 권하기도 한다. 지금도 이와 다른 말을 하려는 건 아니다.

다만, 대부분의 사람들에게 아이의 대학자금, 노후자금, 주택자금을 마련하는 일은 모두 수십 년, 짧게 봐도 10년 이상의 세월을 필요로 하기 때문에 시간 순서대로 하나씩 문제를 해결해 나가기가 어렵다. 그래서 힘들더라도 병행해서 준비를 해 나가야 한다고 주장하는 것이다. 누구나 다 경험이 있듯이 학생 때 수학시험을 보는데 좀처럼 풀기 어려운 문제가 나오면 일단 다음 문제로 넘어가야 한다. 시험 시간이 한정되어 있기 때문이다. 그리고 끝까지 다 풀고 시간이 남으면 다시 그 문제로 돌아와야 한다. 그렇지 않고 어려운 한 문제만 붙잡고 끙끙거리고 있으면 종 칠 때까지 다음 문제들을 풀 수 없기 때문에 결국 시험을 망치게 된다. 몇 달 또는 몇 년 동안 잠을 못 자고 코피를 쏟아가며 공부했더라도 전부 헛일이 되는 것이다.

나는 돈을 관리하고 투자해 나가는 과정도 이와 크게 다르지 않다고 생각한다. 한 가지 어려운 문제에만 매달려 있으면 다음 문제를 풀지 못하게 된다. 그리고 문제를 풀 수 있는 시간은 제한돼 있기 때문에 나중에 후회해도 시간을 되돌릴 수 없다.

사람들은 흔히 선택과 집중이라는 말을 하기도 한다. 그러면서 주택자금 마련에 집중해서 하루라도 빨리 내 집을 마련한다면 그다음 아이의 대학자금이나 노후자금을 마련해 나가는 일도 한결 쉬워지리라 생각하는 사람들이 많다. 맞는 말이다. 첫 아이가 초등학교에 입학하기 전에 은행의 도움 없이 내 집을 마련하거나 대출금을 전부 갚아 버릴 수 있다면 나 역시 그렇다고 생각한다. 백 번 양보해도 첫 아이가 중학교에 들어가기 전에 끝낼 수 있다면 그럴 수도 있으리라 생각한다. 단, 이후에는 돈을 더 들여서 다른 지역으로 이사하거나 집을 넓혀 갈 계획도 없어야 한다. 이처럼 아이들의 사교육비가 증가하는 시기 이전에 집 문제를 완전히 해결할 수 있다면 그다음에 다른 준비를 시작해도 그리 늦지 않을 것이다. 아니면 독하게 마음먹고, 대학 입학 전에는 아이들의 사교육비를 지출하지 않을 수 있다면 문제가 될 게 없을 수도 있다.

하지만, 이도 저도 어렵다면 이런 식의 선택과 집중 전략은 '모 아니면 도' 식의 위험한 전략이 될 수 있다. 현재 자녀들을 전부 출가시킨 60대 이상의 노인세대들이 젊었을 때는 이런 고민이 필요

없었는지 모른다. 하루하루 열심히 살면서 내 집 마련에 매달리고, 그다음 자녀교육에 매달리고, 노후에는 여러 자식들에게 손을 벌릴 수 있다면 말이다. 젊어서 어디든 집 한 채 사서 눌러 살거나 큰 집으로 한두 번 갈아타다 보면 은퇴할 때쯤에는 집값과 땅값이 몇 곱절로 오르기도 했다.

하지만, 지금의 젊은 세대는 이들과 다른 입장이다. 소득 대비 집과 자녀교육에 들이는 비용이 이전 세대 때와는 비교할 수 없을 만큼 많아졌다. 또한, 애써 내 집을 마련해도 집값이 예전처럼 많이 오르기는 어려운 환경이 되었다. 이런 상황에서 다른 준비를 미룬 채 내 집 마련과 대출금 상환에만 매달리는 것은 매우 위험하다고 생각한다.

예를 들어 '집 한 채에 의지해서 노후까지 어떻게 되겠지.'라는 생각을 하다가 뭔가 잘못됐다는 느낌이 든다면 그때는 이미 시간이 한참 지난 뒤일 것이기 때문에 상황을 되돌리기 어려울 것이다. 이런 위험을 조금이라도 줄이기 위해서는 주택자금 마련 외의 다른 중요한 계획을 위해서도 일찍부터 투자를 병행해 나갈 필요가 있다. 만약 이에 동의하지 않더라도 나는 당신을 설득할 생각이 없다. 어차피 판단의 결과는 시간이 지나 봐야 알 수 있는 문제니까.

다만, 앞서 말했듯 아이의 대학자금과 부모의 노후자금을 마련하는 일은 적은 돈이라도 아이가 어릴 때부터 일찍 투자를 시작하면 나중에 하게 될 돈 걱정을 크게 줄일 수 있다. 하지만, 시기를 미루면 미룰수록 투자를 시작하는 것조차 엄두가 나지 않을 만큼 그 부담이 크게 자란다. 나는 당신이 이 귀중한 시기를 집에 매달리느라 무심코 흘려보내지 않기를 바랄 뿐이다.

• 3단계 •
투자계획수립의 필수과정

아이의 대학자금과 부모의 노후자금을 마련하기 위한 투자계획을 수립할 때 공통으로 거치는 과정이 있다. 재무목표를 설정하고, 목표자금을 마련하기 위해 지금부터 매월 얼마를 투자할 것인지 결정하는 과정이 바로 그것이다.

1. 재무목표 설정

2. 투자금액 결정

* 이는 투자목적이 무엇이든 목돈 마련 계획을 수립할 때 거치게 되는 공통 과정이다.

따라서 목적별 투자계획을 수립하기 전에 이 공통된 과정에 대해 먼저 이해할 필요가 있다. 앞서 내가 내 딸의 대학등록금 마련을 위해 재무목표를 설정하고, 아이의 통장에 매월 얼마씩 돈을 넣을 것인지 결정했던 과정을 잠시 소개했다. 여기서는 이를 좀 더 자세히 설명함으로써 방금 말한 공통된 과정에 대한 설명을 대신하겠다. 마찬가지로 오늘이 내 딸이 출생한 지 100일째 되는 날이라고 가정하고, 현재 시점을 기준으로 그 과정을 설명하겠다.

재무목표 설정

아이의 대학자금 마련을 위한 재무목표 설정 시 특정 대학, 특정 학과, 대학원, 해외유학, 어학연수 등 구체적인 진학 목표와 계획을 세운 경우에는 필요한 교육자금을 조사하여 투자계획에 반영해야 한다. 하지만, 이처럼 구체적인 진학 목표가 없는 경우에는 국내 4년제 대학교육에 필요한 통상적인 교육자금을 기준으로 재무목표를 설정할 수밖에 없다. 여기서는 보편적인 경우를 다룰 것이기 때문에 후자에 관해서만 논하겠다. 또한, 대학자금의 범위를 등록금에 한정할 것인지 아니면 전공 외의 교육비나 생활비 등을 포함할 것인지에 따라 재무목표가 크게 달라질 것인데, 여기서는 등록금만 고려하겠다. 그리고 2010년 현재 대학교육을 위해 필요한 등록금은 연간 1,000만 원으로 가정하겠다. 현재 사립대학교의 일부 계열과 학과를 제외하면 각 대학의 평균적인 등록금은 이보다 낮은 수준이다. 하지만, 입학금과 다른 비용을 전혀 고려하지 않을 것이고, 재학기간 중에도 등록금은 계속 오를 것이기 때문에 평균적인 등록금 수준보다는 높게 가정해서 투자계획을 세울 필요가 있다. (국공립대학교를 기준으로 재무목표를 설정한다면, 사립대학교 등록금의 60%~70% 수준에서 결정해도 될 것이다.)

그리고 장기적인 관점에서 향후 등록금 인상률은 지난 10년간의 경향을 고려해 연평균 7%로 가정하겠다. (향후 대학등록금 인상률에 대한 전망을 낙관적으로 보는 독자들은 연평균 5% 이하로 가정해도 될 것이다.) 사실 앞으로 등록금이 얼마나 오를지는 알 수 없기 때문에 가정치와 실제치 사이에 큰 차이가 날 수도 있다. 그리고 이는 시간이 한참 지나서야 확인할 수 있는 일이다. 그럼에도 불구하고, 이런 가정을 해야 하는 이유는 필요한 자금을 대략이라도 예상하지 않고서는 구체적인 투자계획을 수립할 수 없기 때문이다. 활을 쏠 때 목표물까지의 거리를 정확히 측정할 수 없다면 눈대중으로라도 가늠해 보고 활 시위를 당겨야 적중할 가능성이 커진다. 그렇지 않으면 눈을 감고 쏘나 뜨고 쏘나 마찬가지의 결과가 될 것이다. 100발을 쏘면 99발은 빗나갈 것이란 뜻이다.

이제 내 아이의 대학자금 마련을 위한 재무목표를 설정해 보겠다. 이를 위해서는 미래에 예상되는 등록금을 계산해 봐야 하는데, 조금 번거롭기는 하지만 일반 전자계산기로도 쉽게 계산해 볼 수 있다.

아이가 출생한 지 이제 100일이므로^(만 0세) 대학에 입학하기까지 약 19년이 남았다. 나는 현재의 등록금은 연간 1,000만 원으로 가정했고, 해마다 전년대비 7%씩 인상될 것으로 가정했다. 따라서 1년 뒤의 등록금은 현재의 등록금에서 7%가 오른 1,070만 원^(= 1,000만 원 × 1.07)이 될 것이고, 2년 뒤의 등록금은 1년 뒤의 등록금에서 다시 7%가 오른 1,145만 원^(= 1,070만 원 × 1.07)이 될 것이다. 내친김에 3년 뒤의 것까지 계산해 보면 2년 뒤의 등록금에서 또다시 7%가 오른 1,225만 원^(= 1,145만 원 × 1.07)이 될 것이다. 이때 1년 뒤의 등록금은 현재의 등록금 1,000만 원에 1.07을 1번 곱한 값이고, 2년 뒤의 등록금은 1.07을 2번 곱한 값이다. 그리고 3년 뒤의 등록금은 1.07을 3번 곱한 값이다.

- 현재의 등록금 1,000만 원
- 1년 뒤 예상 등록금 1,070만 원 = 1,000만 원 × 1.07
- 2년 뒤 예상 등록금 1,145만 원 = 1,000만 원 × 1.07 × 1.07

- 3년 뒤 예상 등록금 1,225만 원 = 1,000만 원 × 1.07×1.07 × 1.07

* 왜 1.07을 곱하는지 헷갈려 하는 독자들을 위해 잠시 설명하겠다. 알다시피 백분율 7%를 분수로 표현하면 7/100이고, 이를 다시 소수로 표현하면 0.07이다.
따라서 1년 뒤의 등록금 = 현재의 등록금 + 인상분 = 1,000만 원 + 0.07 × 1,000만 원 = 1,000만 원 × (1 + 0.07) = 1,000만 원 × 1.07 이 되며, 2년 뒤의 등록금은 여기에 다시 1.07을 곱한 것이 된다.

등록금이 해마다 전년대비 7%씩 인상되는 것으로 가정했기 때문에 매 1년이 경과할 때마다 이처럼 1.07을 한 번씩 곱해 주면 미래에 예상되는 등록금이 얼마인지 계산해 볼 수 있다. 따라서 아이가 대학에 입학할 시기인 19년 뒤 예상 등록금을 계산하려면 현재의 등록금 1,000만 원에 1.07을 19번 곱해 주면 된다는 뜻이다. 잠시 전자계산기를 꺼내 계산해 보기 바란다. 휴대전화기의 전자계산기 기능을 이용해도 된다.(귀찮더라도 꼭 한번 해보기 바란다.)

〈19년 뒤 예상 등록금〉

1,000만 원 × 1.07 × 1.07 × 1.07 × ~ (1.07을 19회 곱함) = 3,617만 원

결과는 3,617만 원(실제 값은 36,165,275원으로 만 단위에서 올림)이다. 따라서 여기에 4를 곱하면 4년간의 예상 등록금은 약 1억 4,468만 원

(이를 현재의 물가를 기준으로 환산해 보면 물가상승률을 연 3.5%로 가정할 경우 대략 현재의 7,500만 원과 같은 돈이다.) 이 되는데, 조금 더 보태서 1억 4,500만 원이 필요하다고 가정하겠다. 그러면 다음과 같이 재무목표를 설정할 수 있다.

향후 19년 동안 아이의 대학자금 1억 4,500만 원 마련

계산 원리가 매우 단순하기 때문에 쉽게 이해했을 것으로 생각한다.

그러면 이번에는 전자계산기 대신 〈등록금 환산표〉를 이용해서 미래에 예상되는 등록금을 다시 계산해 보겠다. 다음의 〈등록금 환산표〉는 등록금 인상률별 환산계수를 보여 준다. 표를 보면 등록금 인상률이 연 7%일 때 경과기간 19년에 해당하는 환산계수는 3.62이다.

이는 등록금 인상률을 연평균 7%로 가정할 경우 현재의 등록금 1,000만 원에 환산계수 3.62를 곱하면 19년 뒤 예상 등록금이 된다는 뜻이다. 결과는 3,620만 원이다.

〈등록금 환산표〉

경과 기간	등록금 인상률(연간, 전년대비)							
	3%	4%	5%	6%	7%	8%	9%	10%
17년	1.65	1.95	2.29	2.69	3.16	3.70	4.33	5.05
18년	1.70	2.03	2.41	2.85	3.38	4.00	4.72	5.56
19년	1.75	2.11	2.53	3.03	3.62	4.32	5.14	6.12
20년	1.81	2.19	2.65	3.21	3.87	4.66	5.60	6.73

〈19년 뒤 예상 등록금〉

1,000만 원(현재의 등록금) × 3.62(등록금 환산계수) = 3,620만 원

먼저 계산한 값과 약간의 차이가 있지만, 재무목표를 설정하는데 영향을 주지는 않는다. 3,620만 원에 다시 4를 곱하면 4년간의 예상 등록금은 약 1억 4,500만 원이 된다. 책에서 앞으로도 이와 같은 계산 과정이 몇 번 더 나올 것이다. 그때마다 매번 전자계산기를 이용하기는 번거롭기 때문에 앞으로는 이처럼 환산표 등을 이용해 계산하겠다.

〈등록금 환산표〉

경과기간	등록금 인상률(연간, 전년대비)							
	3%	4%	5%	6%	7%	8%	9%	10%
1년	1.03	1.04	1.05	1.06	1.07	1.08	1.09	1.10
2년	1.06	1.08	1.10	1.12	1.14	1.17	1.19	1.21
3년	1.09	1.12	1.16	1.19	1.23	1.26	1.30	1.33
4년	1.13	1.17	1.22	1.26	1.31	1.36	1.41	1.46
5년	1.16	1.22	1.28	1.34	1.40	1.47	1.54	1.61
6년	1.19	1.27	1.34	1.42	1.50	1.59	1.68	1.77
7년	1.23	1.32	1.41	1.50	1.61	1.71	1.83	1.95
8년	1.27	1.37	1.48	1.59	1.72	1.85	1.99	2.14
9년	1.30	1.42	1.55	1.69	1.84	2.00	2.17	2.36
10년	1.34	1.48	1.63	1.79	1.97	2.16	2.37	2.59
11년	1.38	1.54	1.71	1.90	2.10	2.33	2.58	2.85
12년	1.43	1.60	1.80	2.01	2.25	2.52	2.81	3.14
13년	1.47	1.67	1.89	2.13	2.41	2.72	3.07	3.45
14년	1.51	1.73	1.98	2.26	2.58	2.94	3.34	3.80
15년	1.56	1.80	2.08	2.40	2.76	3.17	3.64	4.18
16년	1.60	1.87	2.18	2.54	2.95	3.43	3.97	4.59
17년	1.65	1.95	2.29	2.69	3.16	3.70	4.33	5.05
18년	1.70	2.03	2.41	2.85	3.38	4.00	4.72	5.56
19년	1.75	2.11	2.53	3.03	3.62	4.32	5.14	6.12
20년	1.81	2.19	2.65	3.21	3.87	4.66	5.60	6.73

투자금액 결정

재무목표를 설정했으면, 이제 목표자금 1억 4,500만 원을 마련하기 위해 지금부터 매월 얼마를 투자해야 하는지 계산해 봐야 한다. 이는 일반 계산기로 직접 계산할 수 없기 때문에 다음 쪽에 붙여 둔 〈투자금액 계산표〉를 이용해 보겠다. 〈투자금액 계산표〉는 수익률별로 1,000만 원을 마련하기 위해 지금부터 매월 얼마를 투자해야 하는 지 보여 준다. 이것을 활용해 목표자금을 마련하는 데 필요한 투자금액을 대략적으로 계산해 볼 수 있다. 예를 들어 표를 보면 수익률이 연평균 4%일 때 투자기간 19년에 해당하는 투자금액은 29,481원이다.

〈투자금액 계산표〉

(단위: 원)

투자 기간	수익률(세후, 연복리)									
	3%	4%	5%	6%	7%	8%	9%	10%	11%	12%
17년	37,684	34,424	31,405	28,616	26,044	23,677	21,504	19,512	17,689	16,024
18년	35,024	31,809	28,846	26,122	23,624	21,338	19,251	17,349	15,620	14,050
19년	32,650	29,481	26,573	23,914	21,488	19,281	17,277	15,464	13,825	12,347
20년	30,519	27,395	24,542	21,947	19,592	17,462	15,541	13,812	12,261	10,871

이는 수익률을 연평균 4%로 가정할 경우 19년 동안 1,000만 원을 마련하려면 지금부터 매월 29,481원을 투자해야 한다는 뜻이다. 따라서 목표자금이 1,000만 원의 14.5배인 1억 4,500만 원이니까 이를 마련하기 위해 매월 투자해야 하는 돈은 대략 43만 원이다.

〈19년 동안 1억 4,500만 원을 마련하기 위해 요구되는 매월 투자금액〉

14.5(목표자금 배수) × 29,481원(단위 투자금액) = 427,475원

같은 방식으로 수익률을 연평균 7%로 가정할 경우 매월 32만 원(311,576원 = 14.5 × 21,488원)을 투자해야 하고, 수익률을 연평균 10%로 가정할 경우 매월 23만 원(224,228원 = 14.5 × 15,464원)을 투자하면 아이가 대학에 입학할 때쯤에는 4년간의 등록금을 전부 마련할 수 있다는 계산이 나온다.

〈투자금액 계산표〉

* 목표자금 1,000만 원을 마련하기 위해 요구되는 매월 투자금액

(단위: 원)

투자 기간	수익률(세후, 연복리)									
	3%	4%	5%	6%	7%	8%	9%	10%	11%	12%
1년	820,067	815,764	811,519	807,329	803,194	799,112	795,083	791,106	787,178	783,300
2년	403,974	399,884	395,863	391,907	388,016	384,189	380,423	376,717	373,070	369,481
3년	265,317	261,329	257,421	253,590	249,835	246,153	242,544	239,005	235,534	232,130
4년	196,018	192,104	188,282	184,548	180,902	177,340	173,860	170,460	167,139	163,893
5년	154,463	150,612	146,864	143,217	139,668	136,214	132,852	129,581	126,397	123,299
6년	126,780	122,986	119,307	115,741	112,283	108,931	105,682	102,533	99,481	96,523
7년	107,024	103,284	99,671	96,181	92,812	89,558	86,418	83,387	80,462	77,639
8년	92,222	88,533	84,984	81,569	78,285	75,128	72,094	69,177	66,376	63,685
9년	80,722	77,084	73,597	70,256	67,056	63,993	61,061	58,257	55,576	53,013
10년	71,535	67,946	64,519	61,250	58,133	55,162	52,332	49,638	47,074	44,636
11년	64,029	60,488	57,122	53,924	50,888	48,008	45,277	42,691	40,241	37,924
12년	57,784	54,291	50,984	47,856	44,900	42,109	39,476	36,995	34,657	32,457
13년	52,509	49,063	45,815	42,756	39,879	37,176	34,639	32,260	30,032	27,946
14년	47,996	44,597	41,407	38,417	35,618	33,001	30,558	28,279	26,157	24,181
15년	44,092	40,740	37,608	34,685	31,963	29,431	27,080	24,899	22,880	21,011
16년	40,684	37,378	34,303	31,447	28,801	26,352	24,091	22,006	20,086	18,321
17년	37,684	34,424	31,405	28,616	26,044	23,677	21,504	19,512	17,689	16,024
18년	35,024	31,809	28,846	26,122	23,624	21,338	19,251	17,349	15,620	14,050
19년	32,650	29,481	26,573	23,914	21,488	19,281	17,277	15,464	13,825	12,347
20년	30,519	27,395	24,542	21,947	19,592	17,462	15,541	13,812	12,261	10,871

→ 뒤에 계속

〈투자금액 계산표〉

* 목표자금 1,000만 원을 마련하기 위해 요구되는 매월 투자금액

(단위: 원)

투자기간	수익률(세후,연복리)									
	3%	4%	5%	6%	7%	8%	9%	10%	11%	12%
21년	28,597	25,517	22,719	20,187	17,902	15,848	14,007	12,361	10,893	9,588
22년	26,855	23,819	21,076	18,605	16,390	14,410	12,646	11,079	9,693	8,468
23년	25,269	22,278	19,587	17,179	15,031	13,123	11,435	9,946	8,636	7,488
24년	23,821	20,873	18,236	15,887	13,806	11,969	10,354	8,939	7,704	6,629
25년	22,493	19,588	17,003	14,715	12,699	10,931	9,387	8,044	6,880	5,875
26년	21,271	18,410	15,877	13,647	11,695	9,995	8,520	7,246	6,150	5,210
27년	20,144	17,326	14,844	12,673	10,783	9,148	7,740	6,533	5,502	4,625
28년	19,102	16,326	13,895	11,781	9,953	8,382	7,038	5,895	4,925	4,108
29년	18,136	15,402	13,021	10,963	9,195	7,686	6,405	5,323	4,413	3,650
30년	17,237	14,545	12,215	10,212	8,503	7,054	5,833	4,809	3,955	3,246
31년	16,400	13,750	11,468	9,520	7,869	6,479	5,316	4,348	3,547	2,887
32년	15,620	13,010	10,777	8,883	7,287	5,954	4,847	3,933	3,183	2,569
33년	14,889	12,321	10,136	8,294	6,753	5,475	4,422	3,560	2,857	2,287
34년	14,205	11,677	9,540	7,749	6,262	5,038	4,036	3,223	2,565	2,037
35년	13,563	11,076	8,985	7,245	5,810	4,637	3,686	2,919	2,304	1,815
36년	12,960	10,513	8,468	6,777	5,394	4,271	3,367	2,645	2,071	1,617
37년	12,393	9,985	7,985	6,344	5,009	3,935	3,077	2,397	1,861	1,441
38년	11,858	9,489	7,534	5,940	4,655	3,627	2,813	2,173	1,673	1,284
39년	11,353	9,023	7,113	5,566	4,327	3,344	2,573	1,971	1,504	1,145
40년	10,876	8,585	6,718	5,217	4,023	3,085	2,353	1,787	1,353	1,021

〈아이의 대학자금을 마련하기 위해 요구되는 매월 투자금액〉

목표자금	투자기간	수익률 (세후, 연복리)	투자금액 (매월)	투자원금 총액 (19년 누계)
1억 4,500만 원	19년	4.0%	43만 원	9,800만 원
		7.0%	32만 원	7,300만 원
		10.0%	23만 원	5,200만 원

이렇게 목표자금을 마련하기 위해 요구되는 투자금액을 계산해 봤다면 이제 실제로는 매월 얼마를 투자할 것인지 결정해야 한다. 사실 큰 고민은 여기서부터 시작된다. 1~2년 투자하고 끝날 일이 아니다. 아이가 성장하는 동안 내내 투자해야 한다. 그렇기 때문에 무리해서 투자를 시작하기보다는 장기간 투자를 지속하는데 어려움이 없는 수준에서 얼마를 투자할 것인지 결정해야 한다.

만약 내가 매월 43만 원을 투자할 수 있는 여건이 된다면 고민할 게 많지 않다. 원리금이 보장되는 은행의 적금과 정기예금에만 열심히 돈을 넣어도 목표자금을 마련하게 될 가능성이 있기 때문이다. 하지만, 앞서 말했듯 당시 나는 그만한 여건이 되지 않았다. 물론 다른 목적들을 위해 투자하고 있던 돈을 줄이거나 중단하면 가능했지만 그럴 생각은 없었으며, 투자를 미룰 생각도 없었다. 이런 상황에서 내가 할 수 있는 선택으로는 크게 3가지를 고려해 볼 수 있다.

- 하나, 위험이 증가하더라도 높은 수익률을 기대하고 투자한다.
- 둘, 적은 돈으로 투자를 시작하되 향후 투자금액을 늘려나간다.
- 셋, 재무목표를 낮추고, 향후 부족한 자금은 다른 방법으로 조달한다.

이 중 하나를 반영할 수도 있고, 3가지 전부를 반영할 수도 있다. 하나씩 살펴보겠다.

필요한 자금의 규모는 큰데 반해 투자할 수 있는 돈이 적은 경우 낮은 수익률을 기대하고 투자하면 목표자금을 마련하게 될 가능성은 전혀 없다고 봐야 한다. 따라서 내가 1억 4,500만 원을 전부 마련하고 싶지만 매월 43만 원보다 적은 돈을 투자할 수밖에 없는 상황이라면 연평균 4%보다 높은 수익률을 기대하고 투자해야 한다. 나는 채권형금융상품의 기대수익률은 연 4%, 주식형금융상품의 기대수익률은 연 10%로 가정하여 투자계획을 세웠다.

따라서 투자금액 전부를 채권형금융상품에만 투자해서는 연평균 4%보다 높은 수익률을 기대하기 어렵다고 가정한다면, 투자금액의 일부라도 고수익을 기대할 수 있는 주식형금융상품에 투자해야만 목표를 달성하게 될 가능성이 생긴다. 그 대신 위험이 증가한다. 수익률을 연평균 7%로 가정할 경우 매월 32만 원을 투자하면 된다. 여전히 적지 않은 부담이지만 43만 원에 비하면 한결 가벼운

금액이다. 연 7%는, 채권형금융상품의 기대수익률을 연 4%, 주식형금융상품의 기대수익률을 연 10%로 가정했을 때 각각 5:5의 비율로 투자하면 기대해 볼 수 있는 수익률이다. 즉, 32만 원 중 16만 원은 채권형금융상품에, 나머지 16만 원은 주식형금융상품에 나누어서 투자할 때의 기대수익률이 연 7%라는 뜻이다. 하지만, 나는 매월 32만 원을 투자할 수 있는 여건도 되지 않았다.

당시 내가 부담을 느끼지 않고, 당장 투자를 시작할 수 있는 금액은 수익률을 연평균 10%로 가정할 경우 투자해야 하는 금액인 23만 원의 절반 정도였다. 결국, 내가 목표자금을 전부 마련하기 위해서는 연평균 10%보다도 더 높은 수익률을 기대하고 투자해야 한다는 뜻이다. 그런데 단기적인 고수익을 노리고 투자하는 경우라면 모를까, 나는 투자금액 전부를 주식형금융상품에 투자하더라도 10년 이상 장기간 투자를 하면서 연평균 10%보다 높은 수익률을 기대하기는 어렵다고 생각한다. 그뿐만 아니라 연평균 10%도 결코 쉽게 얻을 수 있는 수익률이 아니라고 생각한다. 따라서 그 이상의 수익률을 기대하고 투자계획을 세우는 건 나에게 별 의미가 없는 일이다.

그러면 이제 두 가지 선택이 남는다. 적은 돈으로 투자를 시작하되 투자금액을 늘려나가는 것과 재무목표를 낮추고, 향후 부족한 자금은 다른 방법으로 조달하는 것에 대해 고려해야 한다. 나는 가급적 필요한 자금을 전부 마련하는 것에 목표를 두었기 때문에 재무목표를 낮추는 것에 대해서는 고려하지 않았다. 그래서 적은 돈이라도 연평균 10%의 수익률을 기대하고, 주식형펀드에 일단 투자를 시작하되 육아휴직 중이던 아내가 복직하여 다시 정상적인 급여를 받게 되면 이후 시기를 봐서 자동이체 금액을 요구되는 투자금액 이상으로 늘리는 것을 목표로 삼았다.

그리고 그전에 부족한 돈을 메우기 위해 아이 돌잔치 때 받은 축의금, 근로소득 연말정산 후 환급받은 소득세 등 여윳돈이 생길 때는 물론 푼돈이라도 수시로 추가 입금을 해왔다. 재무목표를 분명히 설정하고, 수익률별 요구되는 투자금액을 계산해 보면 이처럼 내가 처한 여건에서 어떻게 행동해야 목표에 근접해 갈 수 있는 지 판단해 볼 수 있다. 똑같은 돈을 투자하더라도 이런 과정을 거쳐 투자하는 것과 그렇지 않은 것과의 사이에는 질적인 차이가 존재하며, 재무목표를 달성하게 될 가능성에도 큰 차이가 생긴다.

예를 들어 당신이 아이의 대학자금 마련을 위해 지금부터 매월 10만 원을 펀드에 투자한다고 가정해 보자. 이때 아이가 대학에 진학할 때쯤에는 2년치 등록금 정도를 준비할 수 있을 것이라는 예상을 하면서 투자하는 경우와 목표와 계획 없이 무작정 투자하는 경우가 내용적인 면에서 똑같다고 생각되지는 않을 것이다. 전자는 필요한 자금과 준비 가능한 자금 사이의 차이를 인식하는 경우이기 때문에 그 간격을 좁히기 위해서는 지출을 절제하거나 소득을 늘리는 등의 노력을 통해 투자금액을 늘려나가야 한다는 목표의식을 가져오게 된다. 그리고 의식대로 행동하면 재무목표에 한 뼘이라도 가까이 다가서게 될 것은 당연하다. 하지만, 후자는 투자목적은 분명하더라도 목표 자체가 없는 경우이기 때문에 재무목표를 달성하는 일은 순전히 운에 맡겨야 하는 상황이 된다. 달성할 목표가 없는데, 나의 의지에 의해 목표에 다가설 수는 없다.

따라서 이왕 투자를 할 생각이라면 구체적인 투자계획을 먼저 세우고, 시작하는 게 여러모로 유익하다. 하지만, 구체적인 투자계획을 세우지 않은 채 이미 투자를 시작했더라도 걱정할 건 없다. 현재 시점을 기준으로 투자계획을 세워보고, 필요하다면 투자금액이나 포트폴리오를 수정해 주는 등의 작업을 하면 되기 때문이다.

마지막으로 재무목표를 낮추는 것에 대해서도 생각해 보자. 만약 현재 나의 재무적인 여건으로는 4년간의 등록금을 전부 마련하기가 현실적으로 어렵다고 생각된다면 재무목표를 낮추는 것에 대해 고려해야 한다. 돈과 관련해서는 한 가지 문제에 대한 답이 하나뿐인 경우는 거의 없다. 고민해보고, 찾으려고 노력하면 여러 개의 답을 찾아낼 수 있다. 예를 들어 내가 4년이 아닌 2년간의 등록금을 마련하는 것으로 계획을 바꾼다면 다음과 같이 재무목표를 설정할 수 있다.

향후 19년 동안 아이의 대학자금 7,200만 원 마련

재무목표를 절반으로 낮추었기 때문에 이때는 4년간의 등록금을 마련하기 위해 요구되는 투자금액의 절반을 투자하면 된다. 수익률을 연평균 10%로 가정할 경우 23만 원의 절반인 매월 12만 원 정도를 투자하면 목표자금을 마련할 가능성이 있다는 뜻이다. 실제로 재무목표를 달성하게 되면 다른 어려운 일이 있더라도 등록금과 관련해서는 크게 걱정할 일이 없을 것이다. 왜냐하면, 특별한 문제가 없는 한 나는 아이가 대학에 다니는 동안에도 소득 활동을 계속 하고 있을 것이기 때문이다. 예를 들어 아이가 대학에 진학할 때인 19년 뒤 나의 연간 소득이 7,600만 원이라고 가정해 보겠다. 이는 현재 연간 소득이 3,000만 원인 사람이 소득상승률을 연 5%로 가정했을 때 기대해 볼 수 있는 미래의 소득(현재의 소득 3,000만 원에 1.05를 19번 곱해 준 값)이다. 즉, 19년 뒤 현재의 소득 가치로 연간

3,000만 원을 번다는 뜻이다.

　만약 내가 연간 소득 7,600만 원 중 20% 정도인 1,500만 원을 아이의 등록금으로 매년 지출할 수 있다면 미리 준비해 둔 자금에 4년 동안 6,000만 원 이상을 더 보탤 수 있다. 따라서 아이의 등록금을 해결해주는 데 큰 문제가 없을 것이다. 만약 이마저도 어려운 상황이라면 1년간의 등록금을 마련하는 것으로 재무목표를 더 낮춰야 할 것이다.

향후 19년 동안 아이의 대학자금 3,600만 원 마련

　재무목표를 다시 절반으로 낮추었기 때문에 이때는 2년간의 등록금을 마련하기 위해 요구되는 투자금액의 절반을 투자하면 된다. 수익률을 연평균 10%로 가정할 경우 12만 원의 절반인 매월 6만 원 정도를 투자하면 목표자금을 마련할 가능성이 있다는 뜻이다. 향후 부족한 자금은 역시 미래의 소득으로 해결하면 될 것이다. 하지만, 그게 여의치 않아 학자금 대출을 받아야 하거나 아이에게 스스로 해결하라고 맡겨야 하는 상황이 되더라도 첫해에 필요한 등록금을 미리 준비해 둔다면 일단 급한 불은 쉽게 끌 수 있기 때문에 전혀 준비하지 못한 것에 비해서는 부담이 훨씬 적을 것이다.

또한, 돈이 부족할 것에 대해 벌써부터 걱정할 일도 아니라고 생각한다. 왜냐하면, 나는 아직 젊고, 아이가 대학에 진학하기 전까지 19년이라는 긴 시간이 남아 있으므로 이를 만회할 충분한 기회가 있기 때문이다. 따라서 투자할 돈이 없다고 걱정만 하고 앉아 있기보다는 재무목표를 정하고 적은 돈이라도 일단 투자를 시작하는 게 중요하다. 무슨 일이든 시작을 해야 끝을 볼 수 있는 법이다.

지금까지 내 딸의 대학자금 마련 계획을 예로 들어 재무목표를 설정하고, 투자금액을 결정하는 과정에 대해 설명했다. 이는 아이의 대학자금과 부모의 노후자금 마련을 위한 투자계획을 수립할 때 거치게 되는 공통 과정이다. 모양새만 조금 다를 뿐이다. 이제부터 이를 기초로 두 가지 목돈 마련 계획을 수립하고 실행하는 과정에 대해 안내하겠다.

물가상승률, 기대수익률 등의 가정

물가상승률은 현재와 미래의 화폐가치를 비교하는 측정기 역할과 실질수익률의 기준선 역할 등을 하기 때문에 이를 고려하지 않고서는 현실성 있는 재무목표를 설정하기 어렵다. 그리고 수익률에 따라 재무목표를 달성하는 데 요구되는 투자금액이 달라지기 때문에 자신의 위험성향과 투자경험 등을 고려해 몇%의 수익률을 기대하고 투자에 나설 것인지 결정하는 일 역시 매우 중요하다.

따라서 투자계획을 수립하기 전에 물가상승률과 기대수익률 등 투자계획에 영향을 미치는 여러 변수들의 기댓값을 자신의 판단에 의해 먼저 결정해야 한다. 그리고 투자계획을 실행하고 나서 지속적인 관찰을 통해 이러한 변수들의 가정치가 적정한 것인지 점검

하고, 만약 가정치가 실제치에서 크게 벗어나는 경향을 보이고, 이러한 현상이 장기간 지속할 것으로 판단될 때는 투자계획을 수정하는 등 사후 관리를 해야 한다. 이 책에서는 물가상승률과 기대수익률 등을 몇%로 가정했는지 잠시 설명하겠다. 물론 이 가정치들은 나의 주관적인 견해를 반영한 것이다.

예상 물가상승률

2000년대 들어 최근까지 (2009년) 연간 물가상승률(소비자물가지수)은 4.0%를 초과했던 한두 해를 제외하면 2%대 초반~3%대 중반 사이에서 변동되었는데, 평균적으로는 3%대 초반이었다. 앞으로도 물가상승률은 오르고, 내리고를 반복하겠지만, 우리나라의 경제가 80년대~90년대의 고성장 시대로 돌아가지 않는 한 향후 그 변동폭은 지난 10년간의 경향에서 크게 벗어나지 않을 것으로 생각된다. 그리고 가장 최근에 한국은행에서 제시한 물가안정목표(2010년~2012년)는 소비자물가상승률(전년동기대비) 기준 3.0±1%이다. 이런 점 등을 고려해 이 책에서는 물가상승률을 지난 10년간의 평균보다 조금 높은 수준인 연평균 3.5%로 가정하여 투자계획 수립에 반영하였다. 이는 1년~2년의 단기적인 관점이 아닌 10년 이상 장기적인 관점에서 바라본 평균적인 예상 물가상승률을 말한다.

* 대학등록금 인상률 역시 지난 10년간의 경향을 고려해 예상 물가상승률 3.5%의 2배인 연평균 7%로 가정하였다.

채권형금융상품의 기대수익률

2000년대 들어 최근까지 정기예금을 기준으로 본 연간 실질금리는(이자소득세와 물가상승분을 제한 뒤의 금리) 한두 해를 제외하면 0%대였거나 1%를 겨우 넘기는 수준이었다. 이 말은 정기예금에 투자해서 물가상승에 따른 돈의 가치는 보존할 수 있었지만, 물가상승률을 초과한 실질수익은 거의 얻지 못했다는 뜻이다. 최근에는 실질금리가 마이너스가 되기도 했었다. 앞으로도 금리는 오르고 내리고를 반복하겠지만, 경제성장률과 물가상승률 등이 지난 10년간의 경향에서 크게 벗어나지 않는다면 향후 실질금리의 변동폭도 지난 10년간의 경향에서 크게 벗어나기 어려울 것으로 생각된다.

따라서 물가상승률을 연평균 3.5%로 가정한다면 정기예금, 정기적금, 채권형펀드 등 채권형금융상품의 기대수익률은 지난 10년간의 실질금리(0%~1%) 수준을 반영해 연평균 3.5~4.5% 사이에서 결정하는 게 합리적일 것이라 생각된다. 이 책에서는 채권형금융상품의 기대수익률을 그 중간 수준인 연평균 4%로 가정하여 투자계획 수립에 반영하였다. 이는 1~2년의 단기적인 관점이 아닌 10년 이상 장기적인 관점에서 바라본 평균적인 기대수익률을 말한다.

주식형금융상품의 기대수익률

주가는 그 변동폭이 너무 크고, 예측 자체가 불가능한 일에 가깝기 때문에 기대수익률을 가정하는 것조차 어려운 일이다. 하지만, 나는 오히려 이런 점 때문에 고민을 너무 많이 할 필요가 없다고 생각한다. 왜냐하면, 답을 구할 수 없는 문제라면 애쓴다고 해결되지는 않을 것이기 때문이다. 투자전문가들이나 경제전문가들은 과거의 수익률을 분석하여 미래의 수익률을 예측하기도 하고, 미래에 발생할 수 있는 여러 상황을 가정하여 시뮬레이션을 해보거나 수익률 예측 모형을 활용하는 등의 방법으로 기대수익률을 측정하려고 노력한다. 하지만, 나와 같은 비전문가가 활용하기에는 어려운 방법들이다.

이런 이유 때문에 나는 주식형금융상품의 기대수익률을 결정하기 위해 미래의 주가나 경기 변동 등을 예측하려고 노력하기보다는 어느 정도의 수익률을 기대할 수 있을 때 높은 위험을 감수하더라도 투자에 나설 의향이 있는가를 판단하는 측면에서 우선 접근할 필요가 있다고 생각한다.

예를 들어 채권형금융상품에 장기간 투자할 경우 원금보존과 함께 연평균 4%의 수익률이 보장된다고 가정하면 이때의 확실성을 포기하고, 주식형금융상품에 투자한다면 적어도 몇%의 수익률을 기대할 수 있을 때 투자에 나설 것인가를 먼저 고민해 볼 필요가 있다는 뜻이다. 이는 결국 개인의 주관에 따라 달라질 문제이지만 그렇다고 연 30%, 연 40% 등 무작정 결정할 수는 없는 노릇이기 때문에 과거의 주가수익률과 채권형금융상품의 기대수익률 등을 고려해 적정한 값을 결정해야 할 것이다.

나는 채권형금융상품의 기대수익률을 연평균 4%로 가정할 경우 주식형펀드로 대표되는 주식형금융상품의 기대수익률은 그 2배~3배, 그러니까 연평균 8%~12% 사이에서 기대하는 게 적절하다고 생각한다. 이 말은 그 정도의 수익률을 기대하지 못한다면 나는 굳이 위험을 감수하면서까지 주식형금융상품에 투자할 의향이 없다는 뜻이기도 하다. 그렇다고 주식형금융상품의 기대수익률이 무조건 채권형금융상품의 2배~3배 수준이 되어야 한다고 말하는 건 아니다. 채권형금융상품의 수익률과 주식형금융상품의 수익률 사이에는 역의 상관관계가 있기 때문에 채권형금융상품의 기대수익률을 높게 볼수록 주식형금융상품의 기대수익률은 반대로 낮게 볼 필요가 있다.

예를 들어 지금처럼 경제성장이 더딘 시대에 원리금이 보장되는 은행의 정기예금이나 부도 위험이 없는 국고채 등에 10년 이상 투자하면서 연평균 7% 이상의 수익률을 기대할 수 있다고 가정해 보자. (물론 이와 같은 고금리 상황이 장기간 지속할 가능성은 매우 적다고 생각한다.) 이렇게 채권형금융상품의 수익률이 높은 수준에서 장기간 유지된다면, 주식시장은 장기간 침체 상황을 벗어나지 못할 가능성이 크기 때문에 주식형금융상품의 기대수익률을 채권형금융상품의 2배~3배 수준에서 기대하기는 어려울 것이라는 뜻이다.

그뿐만 아니라 실제로 이런 상황이 지속된다면 나는 주식형금융상품에는 투자할 의향이 없다. 왜냐하면, 위험을 감수하지 않고도 내가 예상하는 물가상승률의 2배에 달하는 수익률을 장기간 얻을 수 있는데, 굳이 모험을 할 이유가 없다고 생각하기 때문이다. 하지만, 금리든 주가든 경기변동에 따라 늘 오르고 내리고를 반복할 것이기 때문에 이처럼 특정한 상황을 염두에 두고 기대수익률을 결정하기보다는 시장의 흐름에 따라 장기간에 걸쳐 얻을 수 있으리라 생각되는 평균적인 기대수익률을 가정하여 투자계획을 세워야 한다.

이 책에서는 주식형금융상품의 기대수익률을 연평균 8~12% 사이의 중간값인 연평균 10%로 가정하여 투자계획 수립에 반영하였다. 연평균 수익률이 10%라는 말은 어떤 해에는 그 이상의 수익률이 나고, 어떤 해에는 마이너스 수익률이 나기도 하겠지만, 전체 투자기간 동안 수익률의 평균이 연 10%라는 것을 뜻하며, 이는 1년~2년의 단기적인 관점이 아닌 10년 이상 장기적인 관점에서 바라본 평균적인 기대수익률을 말한다. 사실 연평균 10%는 7.2년마다 주가가 2배씩 상승(72법칙, 72 ÷ 10% = 7.2년)해야 실현 가능하기 때문에 결코 쉽게 얻을 수 있는 수익률은 아니다.

종합주가지수를 예로 들면 오늘 1,500이던 주가가 7.2년 뒤에는 3,000으로, 14.4년 뒤에는 6,000으로 올라야 얻을 수 있는 수익률이라는 뜻인데, 10년 이상 장기투자를 하면서 이처럼 주가가 자연 상승하여 연평균 10% 이상의 높은 수익률을 얻게 될지는 알 수 없는 일이다. 다만, 나는 대한민국을 1개의 기업으로 보고, 종합주가지수를 ㈜대한민국의 주가라고 보면 단기적으로는 주가의 향방을 예측하기 어렵겠지만, 장기적으로는 주가가 오를 것이라는 기대를 하고 있기 때문에 연평균 10%의 수익률을 얻게 될 기회는 있다고 생각한다.

지난 시간을 돌이켜 보면 1980년 100으로 시작한 ㈜대한민국의 주가는 30년이 지난 현재 15배 이상 올라 있으며, 잠깐이기는 했지만 20배를 넘어서기도 했다. 그 사이 대한민국의 경제도 꾸준히 성장해 온 게 사실이다. 나는 앞으로도 장기적인 흐름에서는 ㈜대한민국의 주가는 오르게 될 것이라고 본다.

왜냐하면, 주식의 가치가 기업의 가치를 대변한다고 보면 기업이 고도성장을 하지 못하더라도 파산하지 않고, 꾸준히 성장하기만 한다면 주식의 가치도 함께 증가할 것이기 때문이다. 하지만, 그렇더라도 주식에는 정가가 없기 때문에 여러 가지 요인 때문에 주가는 쉴새 없이 오르고 내리고를 반복할 것이다. 그뿐만 아니라 주식시장의 호황과 불황도 반복될 것이고, 과거 IMF 외환 위기 전후 때나 최근의 미국발 금융위기 전후 때처럼 주가가 폭등하고 폭락하는 현상도 평생 동안 몇 번은 더 경험하게 될 문제라고 생각한다.

이런 굴곡 속에서 고수익을 실현할 수 있는 기회는 몇 번이라도 분명히 있을 것이기 때문에 주가가 7.2년마다 2배씩 자연 상승하지 않더라도 연평균 10%의 수익률을 얻게 될 기회가 있다고 보는 것이다. 하지만, 이는 확정 수익률이 아니기 때문에 내가 투자한 기간만을 떼어 놓고 보면 수익률이 정기예금 금리에도 못 미치거나 크게 손해를 볼 수도 있을 것이다. 따라서 이런 위험을 감수하더라도 고수익을 기대하고 주식형금융상품에 투자할 것인지, 아니면 적게 얻더라도 채권형금융상품에만 투자할 것인지를 선택해야 하는데, 이는 개인의 판단에 의해 결정할 수밖에 없는 문제이다.

참고로 2000년부터 2009년까지 지난 10년 동안 종합주가지수의 수익률(투자기간 동안의 기시지수 대비 기말지수를 적용한 연복리 수익률)은 연평균 5%대에 불과했지만 IT버블 붕괴로 주가가 폭락했던 2000년을 제외하고, 2001년부터의 수익률을 다시 계산해 보면 2007년까지는 연평균 20%대였고, 종합주가지수가 2,000을 넘었던 2007년 고점대비 반 토막이 났던 2008년까지 연장해서 계산해 보면 연평균 10%대, 이후 다시 주가가 많이 오른 2009년까지 연장해서 계산해 보면 연평균 14%대의 수익률을 기록했다.

그리고 1980년부터 2007년까지 28년간 종합주가지수의 수익률은 연평균 11%대였고, 2008년까지 29년간의 수익률은 연평균 8%대, 2009년까지 30년간의 수익률은 연평균 10% 정도였다. 그동안 주가는 롤러코스터의 레일처럼 기복이 심했지만 어쨌든 우상향하는 모습을 보여 왔으며, 나는 앞으로도 그럴 것이라 기대하는 것이다. 물론 특정 기간을 떼어 놓고 보면 수익률이 마이너스인 때도 무수히 많았다.

· 4단계 ·
우리 아이 대학자금 마련 계획

　이 과정에 대해서는 내 딸의 경우를 예로 들어 대부분 설명했기 때문에 더 이상 길게 할 말은 없다. 대신 만 4세, 만 1세가 된 두 아이를 둔 홍길동 씨의 경우를 예로 들어 재무목표를 설정하고, 투자금액을 결정하는 과정을 설명하겠다. 내가 제시하는 순서대로 당신의 아이를 위한 투자계획도 세워보기 바란다.
　아이가 둘인 경우 투자목적을 큰아이의 대학자금 마련, 작은아이의 대학자금 마련 이렇게 둘로 나누어서 투자계획을 세울 필요가 있다. 아이들이 대학에 입학하는 시기가 서로 다르므로 아이별로 재무목표도 달라지기 때문이다. 아이가 셋 이상이라면 역시 아이별로 투자목적을 구분해 줘야 한다.

먼저 현재 만 4세인 큰아이의 대학자금 마련을 위한 재무목표를 설정해 보자. 마찬가지로 현재의 등록금은 연간 1,000만 원, 등록금 인상률은 연평균 7%로 가정하겠다. 큰아이가 대학에 입학할 때까지는 약 15년이 남았다. 96쪽의 〈등록금 환산표〉를 보면 등록금 인상률이 연평균 7%일 때 경과기간 15년에 해당하는 환산계수는 2.76이다.

〈등록금 환산표〉

경과 기간	등록금 인상률(연간, 전년대비)							
	3%	4%	5%	6%	7%	8%	9%	10%
13년	1.47	1.67	1.89	2.13	2.41	2.72	3.07	3.45
14년	1.51	1.73	1.98	2.26	2.58	2.94	3.34	3.80
15년	1.56	1.80	2.08	2.40	2.76	3.17	3.64	4.18
16년	1.60	1.87	2.18	2.54	2.95	3.43	3.97	4.59
17년	1.65	1.95	2.29	2.69	3.16	3.70	4.33	5.05

따라서 15년 뒤 예상 등록금은 연간 2,760만 원이 된다.

〈15년 뒤 예상 등록금〉

1,000만 원(현재의 등록금) × 2.76(등록금 환산계수) = 2,760만 원

그리고 여기에 4를 곱하면 4년간의 예상 등록금은 약 1억 1,000만 원이 된다. 따라서 다음과 같이 재무목표를 설정해 줄 수 있다.

향후 15년 동안 큰아이의 대학자금 1억 1,000만 원 마련

이번에는 99쪽의 〈투자금액 계산표〉를 보자. 수익률을 연평균 4%로 가정할 경우 15년 동안 1,000만 원을 마련하기 위해서는 지금부터 매월 40,740원을 투자해야 한다.

〈투자금액 계산표〉

(단위: 원)

투자 기간	수익률(세후, 연복리)								
	3%	4%	5%	6%	7%	8%	9%	10%	11%	12%
13년	52,509	49,063	45,815	42,756	39,879	37,176	34,639	32,260	30,032	27,946
14년	47,996	44,597	41,407	38,417	35,618	33,001	30,558	28,279	26,157	24,181
15년	44,092	40,740	37,608	34,685	31,963	29,431	27,080	24,899	22,880	21,011
16년	40,684	37,378	34,303	31,447	28,801	26,352	24,091	22,006	20,086	18,321

따라서 목표자금이 1,000만 원의 11배인 1억 1,000만 원이니까 이를 마련하기 위해 매월 투자해야 하는 돈은 대략 45만 원이다.

⟨15년 동안 1억 1,000만 원을 마련하기 위해 요구되는 매월 투자금액⟩

11(목표자금 배수) × 40,740원(단위 투자금액) = 448,140원

같은 방식으로 수익률을 연평균 7%로 가정할 경우 매월 35만 원 (351,593원 = 11 × 31,963원)을 투자해야 하고, 수익률을 연평균 10%로 가정할 경우 매월 27만 원(273,889원 = 11 × 24,899원)을 투자하면 큰아이가 대학에 입학할 때쯤에는 4년간의 등록금을 전부 마련할 수 있다는 계산이 나온다.

⟨큰아이의 대학등록금을 마련하기 위해 요구되는 매월 투자금액⟩

목표자금	투자기간	수익률 (세후, 연복리)	투자금액 (매월)	투자원금 총액 (15년 누계)
1억 1,000만 원	15년	4.0%	45만 원	8,100만 원
		7.0%	35만 원	6,300만 원
		10.0%	27만 원	4,860만 원

이제 현재 만 1세인 작은아이의 대학자금 마련을 위한 재무목표를 설정해 보자. 작은아이가 대학에 입학할 때까지는 약 18년이 남았다.

⟨등록금 환산표⟩에서 등록금 인상률이 연평균 7%일 때 경과기간

18년에 해당하는 환산계수는 3.38이다. 따라서 18년 뒤 예상 등록금은 연간 3,380만 원이 되고, 4년간의 예상 등록금은 약 1억 3,500만 원이 된다. 따라서 다음과 같이 재무목표를 설정해 줄 수 있다.

향후 18년 동안 작은아이의 대학자금 1억 3,500만 원 마련

그리고 〈투자금액 계산표〉를 이용해 계산해 보면 목표자금을 마련하기 위해 지금부터 매월 투자해야 하는 금액은 수익률을 연평균 4%로 가정할 경우 43만 원, 수익률을 연평균 7%로 가정할 경우 32만 원, 수익률을 연평균 10% 가정할 경우 24만 원이다.

〈작은아이의 대학등록금을 마련하기 위해 요구되는 매월 투자금액〉

목표자금	투자기간	수익률 (세후, 연복리)	투자금액 (매월)	투자원금 총액 (18년 누계)
1억 3,500만 원	18년	4.0%	43만 원	9,300만 원
		7.0%	32만 원	6,900만 원
		10.0%	24만 원	5,200만 원

따라서 홍길동 씨가 두 아이를 위해 매월 투자해야 하는 금액을 수익률별로 살펴보면 다음의 표와 같다.

수익률 (세후, 연복리)	투자금액 (매월)
4.0%	88만 원
7.0%	67만 원
10.0%	51만 원

　이쯤에서 '헉' 소리를 내는 독자들이 분명히 있을 것이다. 맞벌이를 하더라도 아이 둘을 키우면서 순수하게 한 가지 목적만을 위해 매월 50만 원 이상 투자하는 건 무척 부담스러운 일이다. 그것도 1~2년이 아니라 15년 이상 투자해야 하기 때문에 큰 맘 먹고, 한번 해 보겠다고 나서기조차 쉬운 일이 아닐 것이다. 외벌이 가정이나 아이들이 셋 이상인 가정은 한숨만 나올 수도 있다.

　나는 독자들에게 겁을 주고 싶은 마음은 털끝만큼도 없다. 그렇다고 내가 사실이라고 생각하는 것을 사실이 아니라고 말할 마음도 없다. 이렇게 미래에 겪게 될 큰 부담을 조금이라도 덜기 위해서는 적은 돈이라도 아이들이 어릴 때부터 대학자금 마련을 시작해야 한다. 이를 위해 평소 계획적으로 돈을 쓰고, 관리함으로써 절제된 지출습관을 유지하고, 저축액을 늘리기 위한 노력을 해야 한다. 그리고 필요하다면 (어렵더라도) 아이들을 양육하면서 들이는 비용과 사교육비 등 아이와 관련된 지출을 줄이기 위한 노력도 함께해야 할 것이다. 하지만, 상황이 여의치 않다고 벌써부터 지나친 걱정을 할 필요는 없다고 생각한다. 준비된 자금이 부족하더라도 일부는 미래의 소득으로 충당할 수 있을 것이고, 일부는 다른 보유 자산으로 충당할 수 있을 것이다. 그뿐만 아니라 자녀들도 부모의 부담을 덜어 주기 위해 노력할 것이다. 주변을 둘러보면 장학금을 받기 위해 열심히 공부하고, 방학 때마다 아르바이트를 하는 대학생들이 많다. 부모가 땀 흘려 버는 돈의 가치가 얼마나 값진 것인지 어려서부터 가르치고, 부모에게 지나치게 의존하지 않도록 자립심을 키워 준다면 자녀들도 부모의 고충을 이해하고, 문제 해결을 위해 함께 노력하게 될 것이다. 나 역시 내 아이를 그렇게 가르치고, 키울 것이다.

　재무목표별로 두 아이의 대학자금 마련을 위해 홍길동 씨가 지금부터 투자해야 하는 금액을 정리하면 다음과 같다.

〈두 아이의 대학등록금을 마련하기 위해 요구되는 매월 투자금액〉

수익률 (세후, 연복리)	재무목표			
	4년간 등록금	3년간 등록금	2년간 등록금	1년간 등록금
4.0%	88만 원	66만 원	44만 원	22만 원
7.0%	67만 원	50만 원	34만 원	17만 원
10.0%	51만 원	38만 원	26만 원	13만 원

따라서 홍길동 씨는 자신의 위험성향과 투자기간, 저축여력 등을 고려해 재무목표와 기대수익률을 정하고, 매월 얼마를 투자할 것인지 최종적으로 결정해야 한다. 이때 아이의 대학자금뿐만 아니라 노후자금, 주택자금 이외에도 중·단기적으로 목돈을 지출해야 할 계획들이 있을 것이므로 이들을 종합해서 투자금액을 결정해야 한다. 왜냐하면, 제한된 수입에서 지출도 하고 투자도 해야 하므로 여러 목적의 투자계획에 균형 있게 투자금액을 배분해 주지 않으면 어느 것 하나 투자를 지속해 나가기가 어렵기 때문이다.

만약 투자할 수 있는 돈이 재무목표 달성에 요구되는 투자금액에 훨씬 못 미치더라도 실망하여 투자를 미루기보다는 일단 시작한 뒤 투자금액을 조금씩 늘려나가기 위한 노력을 하는 편이 훨씬 낫다. 상황이 도저히 안 된다면 어쩔 수 없겠지만, 오늘 사정이 있어 미루면 내일 또 미뤄야 하는 사정이 생기게 마련이다. 그렇게 한 해 두 해 미루다 보면 아이가 커가면서 돈 걱정도 함께 커갈 것이다.

금융상품(투자대상) 선택

투자금액을 결정했다면 투자계획에 적합한 금융상품을 선택해서 실행에 옮겨야 한다. 금융상품은 기본적으로 채권형금융상품과 주식형금융상품으로 구분할 수 있다.

현재 준비된 자금이 있는 경우

현재 자녀의 대학자금 중 일부를 마련해 둔 상태라면 이 또한 투자계획 수립 때 반영해야 한다. 예를 들어 홍길동 씨가 2년 전부터 큰아이의 대학자금 마련을 위해 주식형펀드에 적립식 투자를 해 왔고, 현재 펀드 평가액이 500만 원이라고 가정해 보자. 만약 홍길동 씨가 향후 주식형펀드의 수익률을 연평균 10%로 기대한다면 준비된 자금 500만 원은 15년 뒤 수익이 더해져 대략 2,100만 원이 될 것으로 기대해 볼 수 있다. 이는 500만 원에 1.1을 15번 곱한 값이며, 〈등록금 환산표〉를 응용하여 계산하면 인상률 연 10%^(= 수익률로 간주), 경과기간 15에 해당하는 환산계수 4.18을 곱한 것과도 동일한 값이다. 따라서 홍길동 씨는 목표자금에서 이를 제외한 자금을 추가로 마련하기 위한 투자계획을 세우면 된다. 즉, 앞서 큰아이의 대학자금 마련을 위한 목표자금이 1억 1,000만 원이었으니까 여기서 2,100만 원을 빼면 부족한 자금은 8,900만 원이 되는데, 이 부족한 자금을 추가로 마련하기 위해 매월 얼마를 투자해야 하는지 계산하여 투자계획에 반영하면 된다는 뜻이다.

채권형금융상품으로는 적금, 정기예금, 채권형펀드, 저축성보험(금리연동형) 등이 있는데, 원금이 보존되거나 손실 가능성이 작고, 시장 금리 수준의 수익률을 기대할 수 있다. 주식형금융상품으로는 주식형펀드, 변액유니버셜보험 등이 있는데, 위험이 큰 대신 높은 수익률을 기대할 수 있다.

적금은 만기가 5년 이하인 상품들이 대부분이기 때문에 만기 연장(재예치)이 가능한 일부 상품들을 제외하면 장기적인 계획을 갖고 투자하기에는 적합하지 않다. 하지만, 적금 만기가 도래할 때마다 새로운 만기를 정하여 투자를 계속하고, 만기가 되어 찾은 돈은 정기예금에 투자를 반복하는 식으로 운용해 나갈 수 있기 때문에 조금만 신경 써서 관리한다면 장기간 투자하는데 문제 될 것은 없다. 적금과 정기예금은 대부분 가입 당시에 수익률(이자율)이 확정되기 때문에 금리가 낮은 시기에 만기를 길게 설정하면 향후 금리가 오르더라도 그 혜택을 얻지 못한다.

따라서 가입 당시 수익률(이자율)이 기대에 못 미치거나 향후 금리 인상을 기대한다면 가급적 만기를 1년 이하로 짧게 설정하여 금리 인상에 대비할 필요가 있다. 반대로 가입 당시 수익률이 기대 이상이거나 향후 금리 인하를 예상한다면 만기를 길게 설정하여 금리 인하에 따른 수익률 하락에 대비할 필요가 있다. 만약 적금과 정기예금의 만기를 1년 단위로 설정하여 매년 투자를 반복한다면 전체 투자기간 동안 금리 변동에 따른 평균적인 수익률을 얻을 수 있는데, 이처럼 일정주기를 만기로 설정하여 기계적으로 투자를 반복하는 것도 좋은 방법이라 생각한다. 적금과 정기예금은 만기 전에 해지할 경우 약정 이자를 전부 받지 못하게 되는 불이익이 따른다.

채권형펀드는 채권투자에 따른 실적을 배당하는 상품이다. 금리뿐만 아니라 채권의 신용등급, 만기 등에 따라 위험과 수익률 등이 달라지는데, 정부, 지방자치단체, 공기업, 은행, 우량 대기업 등 파산 가능성이 없거나 매우 낮은 기관들이 발행한 채권에 주로 투자하는 펀드가 마음 편히 장기간 투자하는데 적합할 것이다.

저축성보험(금리연동형)은 은행의 예·적금 금리보다 다소 높은 수준에서 형성되는 공시이율(은행의 이자율과 유사한 개념)에 의해 이자가 발생하며, 1개월, 3개월, 1년 등 정기적으로 적용 공시이율이 변동되는 상품들이 대부분이다. 그리고 대부분의 상품이 금리가 아무리 하락해도 일정 수준 이상의 공시이율을 최저 보증해 준다. 또한, 10년 이상 유지 시 이자에 대한 소득세가 비과세 되는 혜택도 있다. 하지만, 사업비가 지출되기 때문에 조기에 해지하면 원금도 전부 돌려받지 못하게 될 수 있으며, 10년 이내에 해지하면 이자에 대한 소득세를 납부해야 하는 등 여러 불이익이 따른다. 따라서 처음 가입할 때 보험료와 납입기간 등을 장기간 변함없이 유지하는 데 어려움이 없도록 신중히 결정해야 한다.

주식형펀드는 국내 종합주가지수 시가총액 상위에 속하는 대형주에 주로 투자하는 펀드나 KOSPI200지수를 추종하는 인덱스펀드 등 대체로 국내 주식시장의 흐름을 따라가는 주식형펀드가 장기간 투자하는데 적합할 것이다. 다만, 좀 더 적극적으로 투자한다면 특정 산업 또는 기업군의 주식에 집중적으로 투자하는 펀드나 해외펀드 등에 투자금액의 일부를 분산 투자하는 것도 고려해 볼 수 있다.

변액유니버설보험은 상품 내에서 채권형펀드, 국내 주식형펀드, 해외 주식형펀드 등 다양한 펀드를 선택할 수 있기 때문에 자신의 위험성향과 기대수익률 등을 고려해 원하는 펀드를 선택해서 투자할 수 있으며, 복수의 펀드를 선택해 분산 투자할 수도 있다. 그리고 10년 이상 유지 시 수익에 대한 소득세가 비과세 되며, 사망보장 등의 부가적인 기능을 제공한다. 다만, 다른 저축성보험과 마찬가지로 사업비가 지출되기 때문에 수익률이 높더라도 조기에 해지하면 원금도 전부 돌려받지 못하게 될 수 있으며, 10년 이내에 해지하면 수익에 대해 소득세를 납부해야 하는 등 여러 불이익이 따른다. 따라서 최소 10년 이상 납입하는데 어려움이 없는 선에서 보험료를 결정해야 한다.

　이외에도 여러 가지 ^(사실 너무 많다.) 금융상품들이 있지만, 방금 소개한 금융상품들만 활용해도 아이의 대학자금 마련 계획뿐만 아니라 다른 목적의 목돈 마련 계획을 실행하는데도 문제가 없을 것이다. 만약 금융상품을 선택하는데 어려움을 느끼고, 다양한 금융상품들을 접하고 싶다면 혼자 고민하기보다는 은행, 증권사, 보험사, 재무설계회사 등에서 근무하는 여러 전문가를 직접 만나서 그들이 추천하는 금융상품에 대한 설명을 듣고, 상품의 장단점과 추천 사유 등을 묻고 따져 보는 과정을 통해 학습하기를 권하고 싶다.

　내가 아는 한 대부분의 금융업 종사자들은 구매 여부와는 관계없이 사람들에게 자신이 판매하는 상품에 대해 설명하거나 조언을 하는데 인색하지 않다. 재테크 책과 인터넷 등을 통해 상품 정보를 접하고, 공부하고, 비교하는 등의 노력도 중요하지만, 사람을 직접 만나서 듣고, 묻고 따져 보는 것보다 더 좋은 학습 방법은 없다고 생각한다. 여러 사람을 만나다 보면 나의 입장을 이해하고, 상품 판매 목적을 앞세우기보다는 나에게 도움을 주려고 노력하는 사람들을 분명히 만나 볼 수 있을 것이다. 상대방이 어떤 태도로 나를 대하고 있는지는 굳이 말과 행동으로 드러나지 않더라도 마음으로 느낄 수 있는 법이다. 특히 CFP ^(국제공인재무설계사), AFPK ^(공인재무설계사) 등 전문자격을 보유하고, 4~5년 이상의 경력을 가진 사람들을 만나 보는 게 좋을 것으로 생각한다. 각 금융회사의 영업점을 방문하면 이런 자격을 보유한 직원들이 한두 명 이상은 꼭 근무를 하고 있기 때문에 조금만 적극적으로 찾아보면 도움을 받을 수 있다. 보험사나 재무설계회사 등의 영업점에 연락하면 그쪽에서 사람이 직접 찾아와 주기도 한다. 대신 그들에게 구체적으로 도움을 요청하는 게 좋다.

예를 들면 '아이의 대학자금 마련이 가능한 상품을 추천해 달라.'라는 식으로 말하기보다는 '5세인 우리 아이의 대학자금을 마련하기 위해 매월 10만 원을 투자할 계획인데, 어떤 펀드를 추천해 주겠는가?' 또는 '3세인 우리 아이의 대학자금 마련을 위해 연평균 7% 정도의 수익률을 기대하고 투자할 계획인데, 어떤 상품을 추천해 주겠는가?'라는 식으로 말하는 게 좋다는 뜻이다. 자신이 무엇을 원하는 지 상대방에게 구체적으로 알려야 원하는 답변을 듣게 될 가능성이 커진다. 그리고 상품의 장단점과 추천사유 등 궁금한 점이 있다면 의문이 해소될 때까지 따지고 물어야 한다. 자신이 직접 금융상품을 선택하는데 어려움을 느낀다면 시간이 오래 걸리더라도 이런 노력을 거친 뒤에 투자할 상품을 최종 선택할 것을 권한다.

그리고 몇 가지 사족을 덧붙이면 아이의 대학자금을 마련한다고 해서 꼭 어린이 전용 상품이나 '우리아이', '교육자금', '학자금' 등의 명칭이 붙은 금융상품을 선택할 필요는 없다. 각 금융회사에서 내어 놓는 이런 특성화 상품에 가입하면 금리우대, 어린이 경제교육, 상해보험 무료가입 등 부가혜택을 얻게 되는 경우가 많지만 이에 앞서 아이의 대학자금 마련 계획을 실행하기에 적합한 상품인지를 먼저 따져봐야 한다.

예를 들어 어린이 적금에 가입하여 금리우대를 받지 않더라도 더 나은 금리를 제공하는 다른 적금상품이 있을 수 있으며, 어린이 펀드의 경우 대부분 운용 규모가 작고, 다른 비슷한 유형의 펀드에 비해 과거의 운용성과가 저조한 경우도 많다. 어린이 보험상품(저축성보험, 교육보험 등)의 경우 아이의 진학 단계별로 학자금 명목의 보험금을 만기 전에 분할해서 지급하거나 부가적인 보험 혜택을 제공하는 등의 장점이 있지만, 투자목적이 아이의 대학자금 마련이라면 대학에 진학하기 전에 미리 돈을 인출하지 않는 게 좋을 것이기 때문에 꼭 필요한 기능이라고 볼 수 없다.

이와 같은 금융상품들에 문제가 있다고 말하는 게 아니라 아이를 위해 돈을 모은다고 해서 꼭 어린이 전용 상품에 집착할 필요가 없다는 점을 말하는 것이다. 부가혜택보다는 재무목표를 달성하기에 적합한지, 자신의 위험성향과 기대수익률을 충족할 수 있는 상품인지 등을 우선 따져 봐야 한다.

자녀 명의로 펀드에 가입하여 재산을 증여하는 경우

최근 많은 엄마, 아빠들이 자녀 명의로 펀드에 가입하여 재산을 증여하는 것에 관심이 있는 듯하다. 이를 잠시 설명하겠다.

대상이 누구이든 재산(경제적인 가치를 지닌 유형·무형의 모든 재산을 말함)을 무상으로 넘겨 준다(증여)면 그 재산을 받은 사람은 증여세를 내야 한다. 부모가 자녀에게 재산을 증여할 때에도 마찬가지다. 증여를 받은 자녀는 증여세를 내야 한다. (사회통념상 인정되는 생활비, 교육비 등은 비과세) 이때 자녀는 증여받은 금액 전체에 대해 증여세를 내야 하는 게 아니라 그중 일부를 공제한 뒤 이를 초과하는 금액에 대해서만 증여세를 내면 되는데, 부모로부터 재산을 증여받은 경우 공제 가능한 금액은 10년간 1,500만 원(만 20세 이상 성년 자녀인 경우 3,000만 원)이다. 예를 들어 오늘 자녀에게 2,000만 원을 증여한다면 500만 원(= 2,000만 원 - 1,500만 원)에 대해서만 증여세를 내면 된다는 뜻이다. 만약 1,000만 원을 증여한다면 1,000만 원 전액이 공제되기 때문에 내야 할 세금도 없다. 하지만, 지난 10년 이내에 부모로부터 이미 재산을 증여받은 적이 있다면 이때 공제받은 금액은 다시 공제받을 수 없다.

예를 들어 5년 전에 이미 1,000만 원을 증여 받았다면(1,000만 원 공제), 이때는 10년간 공제 가능한 금액 1,500만 원 중 남은 한도인 500만 원만 공제받을 수 있으므로 이를 초과한 금액에 대해서는 증여세를 내야 한다.

증여세는 증여한 재산 가액에 따라 10~50%가 부과되는데, 1,500만 원을 공제한 뒤의 금액이 1억 원 이하인 경우에는 10%가 부과되며, 증여일이 속한 달의 말일부터 3개월 이내에 세무서에 신고 납부하면 증여세의 10%를 추가로 공제받을 수 있다. 예를 들어 2,000만 원을 증여한다면 이 중 1,500만 원을 공제한 뒤의 금액은 500만 원이다. 따라서 그 10%인 50만 원을 증여세로 내야 하는데, 3개월 이내에 신고 납부하게 되면 50만 원의 10%인 5만 원을 추가로 공제받아 최종 내야 하는 증여세는 45만 원이 된다. 만약 내야 할 세금이 없더라도 세무서에 신고하지 않으면 자녀에게 재산을 증

여한 것으로 인정받기 어렵다.(추후 자녀 소유의 재산으로 인정받기 어렵다는 뜻임)

이처럼 10년 동안 미성년자인 자녀에게 1,500만 원(만 20세 이상 성년 자녀인 경우 3,000만 원)까지 증여세 부담(증여받는 자녀가 부담하는 것임) 없이 재산을 증여할 수 있기 때문에 자녀 명의로 펀드에 가입하여(어린이 전용상품이 아니어도 관계없음) 자녀에게 재산을 증여할 계획이라면 자녀 명의로 가입한 뒤 납입액 누계가 1,500만 원이 될 때까지 입금건별로 주소지 관할 세무서에 증여세 신고를 하거나 평가액(납입액+수익)이 1,500만 원이 되었을 때 신고하는 등의 방법으로 증여세 부담 없이 자녀에게 재산을 증여할 수 있다. 그리고 이후 발생하는 수익에 대해서도 증여세를 부담하지 않는다.

지금까지 설명한 증여세 관련 규정은 개별 사안, 사례의 특수성 등에 따라 과세 관청에서 달리 판단할 수 있으므로 고액의 재산을 자녀에게 증여할 계획이거나 추후 자녀 명의의 부동산을 구입해 주기 위한 매입 자금으로 사용하는 등 특별한 목적을 갖고 재산을 증여할 계획이라면 세무사, 회계사 등 관련 전문가와 상의한 뒤 실행에 옮겨야 나중에 탈이 없을 것이다.

하지만, 이렇게 마련된 자금을 자녀의 교육과 양육을 위해 대부분 지출할 계획이라면 굳이 자녀 명의로 가입하여 증여세 신고를 하기 위해 애쓸 필요는 없다. 부모가 소득과 재산이 없는 자녀를 위해 지출하는 학자금과 생활비 등에 대해서는 어차피 증여세를 내지 않아도 되기 때문이다. 만약 자녀에게 증여한 재산이 1,500만 원을 초과하여 증여세를 납부했다면 추후 그 재산을 자녀가 학자금과 생활비로 전부 지출하더라도 이미 납부한 세금은 돌려받지 못한다. 이런 경우 안 내도 될 증여세를 애써 내고만 셈이 되는 것이다. (이상 증여에 관한 내용은 독자들에게 개념적인 지식을 전달하려는 것일 뿐 법적인 효력을 갖는 내용이 아님을 알립니다.)

• 5단계 •
우리 아이 대학자금 마련 계획 세우기

※ 이 과정에 의해 산출된 결과로 불확실한 미래의 상황을 정확히 예측할 수는 없습니다. 또한, 독자들이 직접 투자계획을 수립하는데 어려움이 없도록 계산 과정을 최대한 단순화했으며, 결과에 영향을 미치는 일부 변수의 값을 제한된 조건하에 (결과가 크게 왜곡되지 않는 범위 내에서) 별도의 설명 없이 저자가 임의로 적용했음을 알립니다.

〈홍길동 씨 사례 예시〉

①	이름	홍영재
②	현재 나이 (만)	4세
③	대학진학까지 남은 기간 (19 - ②현재 나이)	15년
④	현재의 등록금 (본인 예상)	연 1,000만 원
⑤	등록금 인상률 (본인 예상)	연평균 7.0%
⑥	등록금 환산계수 (〈등록금 환산표〉 이용)	2.76
⑦	예상 등록금 (④현재의 등록금×⑥등록금 환산계수)	연 2,760만 원
⑧	목표자금 (4년간 예상 등록금)	1억 1,000만 원
⑨	기대 투자수익률 (본인 예상)	연평균 7.0%
⑩	1,000만 원 당 단위 투자금액 (〈투자금액 계산표〉 이용)	매월 31,963원
⑪	목표자금 배수 (⑧목표자금 ÷ 1,000만 원)	11
⑫	목표자금 마련을 위한 투자금액 (⑪목표자금 배수 × ⑩단위 투자금액)	매월 351,593원
⑬	재무목표별 매월 투자금액 — 4년간 등록금 마련	351,593원
	3년간 등록금 마련	263,695원
	2년간 등록금 마련	175,797원
	1년간 등록금 마련	87,898원

〈등록금 환산표〉

경과 기간	등록금 인상률(연간, 전년대비)		
	6%	7%	8%
14년	2.26	2.58	2.94
15년	2.40	2.76	3.17
16년	2.54	2.95	3.43

140쪽 참고

1,000만 원(현재의 등록금) × 2.76(등록금 환산계수)

2,760만 원(예상 등록금) × 4년

〈투자금액 계산표〉

투자 기간	수익률(세후, 연복리)		
	6%	7%	8%
14년	38,417	36,618	33,001
15년	34,685	31,963	29,431
16년	31,447	28,801	26,352

141쪽 참고

1억 1,000만 원(목표자금) ÷ 1,000만 원

11(목표자금 배수) × 31,963원(단위 투자금액)

〈우리 아이 대학자금 마련 계획 세우기〉

	구분	자녀 1	자녀 2	자녀 3
①	이름			
②	현재 나이(만)	세	세	세
③	대학진학까지 남은 기간 (19 − ②현재 나이)	년	년	년
④	현재의 등록금 (본인 예상)	연 만 원	연 만 원	연 만 원
⑤	등록금 인상률 (본인 예상)	연평균 %	연평균 %	연평균 %
⑥	등록금 환산계수 (〈등록금 환산표〉 이용)			
⑦	예상 등록금 (④현재의 등록금 × ⑥등록금 환산계수)	연 만 원	연 만 원	연 만 원
⑧	목표자금 (4년간 예상 등록금)	만 원	만 원	만 원
⑨	기대 투자수익률 (본인 예상)	연평균 %	연평균 %	연평균 %
⑩	1,000만 원 당 단위 투자금액 (〈투자금액 계산표〉 이용)	매월 원	매월 원	매월 원
⑪	목표자금 배수 (⑧목표자금 ÷ 1,000만 원)			
⑫	목표자금 마련을 위한 투자금액 (⑪목표자금 배수 × ⑩단위 투자금액)	매월 원	매월 원	매월 원
⑬	재무 목표별 매월 투자금액 — 4년간 등록금 마련	원	원	원
	3년간 등록금 마련	원	원	원
	2년간 등록금 마련	원	원	원
	1년간 등록금 마련	원	원	원

※ 표의 내용을 자동으로 계산해볼 수 있는 엑셀시트 자료를 다산북스 홈페이지(www.dasanbooks.com)에 올려두었으니 필요하다면 활용해보기 바란다.

〈등록금 환산표〉

경과 기간	등록금 인상률(연간, 전년대비)							
	3%	4%	5%	6%	7%	8%	9%	10%
1년	1.03	1.04	1.05	1.06	1.07	1.08	1.09	1.10
2년	1.06	1.08	1.10	1.12	1.14	1.17	1.19	1.21
3년	1.09	1.12	1.16	1.19	1.23	1.26	1.30	1.33
4년	1.13	1.17	1.22	1.26	1.31	1.36	1.41	1.46
5년	1.16	1.22	1.28	1.34	1.40	1.47	1.54	1.61
6년	1.19	1.27	1.34	1.42	1.50	1.59	1.68	1.77
7년	1.23	1.32	1.41	1.50	1.61	1.71	1.83	1.95
8년	1.27	1.37	1.48	1.59	1.72	1.85	1.99	2.14
9년	1.30	1.42	1.55	1.69	1.84	2.00	2.17	2.36
10년	1.34	1.48	1.63	1.79	1.97	2.16	2.37	2.59
11년	1.38	1.54	1.71	1.90	2.10	2.33	2.58	2.85
12년	1.43	1.60	1.80	2.01	2.25	2.52	2.81	3.14
13년	1.47	1.67	1.89	2.13	2.41	2.72	3.07	3.45
14년	1.51	1.73	1.98	2.26	2.58	2.94	3.34	3.80
15년	1.56	1.80	2.08	2.40	2.76	3.17	3.64	4.18
16년	1.60	1.87	2.18	2.54	2.95	3.43	3.97	4.59
17년	1.65	1.95	2.29	2.69	3.16	3.70	4.33	5.05
18년	1.70	2.03	2.41	2.85	3.38	4.00	4.72	5.56
19년	1.75	2.11	2.53	3.03	3.62	4.32	5.14	6.12
20년	1.81	2.19	2.65	3.21	3.87	4.66	5.60	6.73

〈투자금액 계산표〉

* 목표자금 1,000만 원을 마련하기 위해 요구되는 매월 투자금액

(단위: 원)

투자 기간	수익률(세후, 연복리)									
	3%	4%	5%	6%	7%	8%	9%	10%	11%	12%
1년	820,067	815,764	811,519	807,329	803,194	799,112	795,083	791,106	787,178	783,300
2년	403,974	399,884	395,863	391,907	388,016	384,189	380,423	376,717	373,070	369,481
3년	265,317	261,329	257,421	253,590	249,835	246,153	242,544	239,005	235,534	232,130
4년	196,018	192,104	188,282	184,548	180,902	177,340	173,860	170,460	167,139	163,893
5년	154,463	150,612	146,864	143,217	139,668	136,214	132,852	129,581	126,397	123,299
6년	126,780	122,986	119,307	115,741	112,283	108,931	105,682	102,533	99,481	96,523
7년	107,024	103,284	99,671	96,181	92,812	89,558	86,418	83,387	80,462	77,639
8년	92,222	88,533	84,984	81,569	78,285	75,128	72,094	69,177	66,376	63,685
9년	80,722	77,084	73,597	70,256	67,056	63,993	61,061	58,257	55,576	53,013
10년	71,535	67,946	64,519	61,250	58,133	55,162	52,332	49,638	47,074	44,636
11년	64,029	60,488	57,122	53,924	50,888	48,008	45,277	42,691	40,241	37,924
12년	57,784	54,291	50,984	47,856	44,900	42,109	39,476	36,995	34,657	32,457
13년	52,509	49,063	45,815	42,756	39,879	37,176	34,639	32,260	30,032	27,946
14년	47,996	44,597	41,407	38,417	35,618	33,001	30,558	28,279	26,157	24,181
15년	44,092	40,740	37,608	34,685	31,963	29,431	27,080	24,899	22,880	21,011
16년	40,684	37,378	34,303	31,447	28,801	26,352	24,091	22,006	20,086	18,321
17년	37,684	34,424	31,405	28,616	26,044	23,677	21,504	19,512	17,689	16,024
18년	35,024	31,809	28,846	26,122	23,624	21,338	19,251	17,349	15,620	14,050
19년	32,650	29,481	26,573	23,914	21,488	19,281	17,277	15,464	13,825	12,347
20년	30,519	27,395	24,542	21,947	19,592	17,462	15,541	13,812	12,261	10,871

→ 뒤에 계속

〈투자금액 계산표〉

* 목표자금 1,000만 원을 마련하기 위해 요구되는 매월 투자금액

(단위: 원)

투자기간	수익률(세후,연복리)									
	3%	4%	5%	6%	7%	8%	9%	10%	11%	12%
21년	28,597	25,517	22,719	20,187	17,902	15,848	14,007	12,361	10,893	9,588
22년	26,855	23,819	21,076	18,605	16,390	14,410	12,646	11,079	9,693	8,468
23년	25,269	22,278	19,587	17,179	15,031	13,123	11,435	9,946	8,636	7,488
24년	23,821	20,873	18,236	15,887	13,806	11,969	10,354	8,939	7,704	6,629
25년	22,493	19,588	17,003	14,715	12,699	10,931	9,387	8,044	6,880	5,875
26년	21,271	18,410	15,877	13,647	11,695	9,995	8,520	7,246	6,150	5,210
27년	20,144	17,326	14,844	12,673	10,783	9,148	7,740	6,533	5,502	4,625
28년	19,102	16,326	13,895	11,781	9,953	8,382	7,038	5,895	4,925	4,108
29년	18,136	15,402	13,021	10,963	9,195	7,686	6,405	5,323	4,413	3,650
30년	17,237	14,545	12,215	10,212	8,503	7,054	5,833	4,809	3,955	3,246
31년	16,400	13,750	11,468	9,520	7,869	6,479	5,316	4,348	3,547	2,887
32년	15,620	13,010	10,777	8,883	7,287	5,954	4,847	3,933	3,183	2,569
33년	14,889	12,321	10,136	8,294	6,753	5,475	4,422	3,560	2,857	2,287
34년	14,205	11,677	9,540	7,749	6,262	5,038	4,036	3,223	2,565	2,037
35년	13,563	11,076	8,985	7,245	5,810	4,637	3,686	2,919	2,304	1,815
36년	12,960	10,513	8,468	6,777	5,394	4,271	3,367	2,645	2,071	1,617
37년	12,393	9,985	7,985	6,344	5,009	3,935	3,077	2,397	1,861	1,441
38년	11,858	9,489	7,534	5,940	4,655	3,627	2,813	2,173	1,673	1,284
39년	11,353	9,023	7,113	5,566	4,327	3,344	2,573	1,971	1,504	1,145
40년	10,876	8,585	6,718	5,217	4,023	3,085	2,353	1,787	1,353	1,021

제3장

우리 아이를 위한
엄마, 아빠 노후자금
마련 계획

• 1단계 •
노후자금, 얼마나 필요할까

노후자금은 대체 얼마나 필요할까? 언론 보도나 금융회사의 안내 자료 등을 보면 은퇴 전에 최소 5억 원은 마련해 둬야 한다는 말도 있고, 10억 원 이상 필요하다는 말도 있는데, 정말 그렇게 많은 돈이 필요한 것일까? 당신도 아마 이런 생각을 한 번쯤은 해봤을 것이다. 아이의 대학자금이나 주택자금 등은 등록금, 주택시세 등 당장 눈에 보이는 숫자가 있기 때문에 얼마가 필요할지 짐작이라도 해보겠지만, 노후자금에 대해서는 좀처럼 감을 잡기 어렵다고 말하는 사람들이 많다. 노후문제가 너무 불확실하기 때문에 그만큼 답을 구하기 어렵다는 뜻일 것이다. 노후의 불확실성은 사람들에게 막연한 불안감을 안겨준다. 금융회사들은 사람들의 이런 불안감을 마케팅에 활용한 지 이미 오래다. 그중 하나가 자장면 마케팅이다. 부부가 노후에 하루 세끼를 3천 원짜리 자장면만 먹고 살아도, 하루에 1만 8천 원이 들고, 20년이면 1억 원이 넘게 든다는 것이다. 그러니 연금상품이나 펀드에 꾸준히 투자해 돈을 모아야 한다는 논리다. 사실 노후자금으로 최소 5억 원이 필요하다거나 자장면만 먹고 살아도 많은 돈이 필요하다는 말은 아주 과장된 말은 아니다. 그렇기 때문에 나 역시 사람들에게 일찍부터 노후자금 마련을 위해 투자를 시작해야 한다고 말한다. 그런데 한 가지 의문이 생긴다. 나의 아버지는 5억 원은 고사하고, 자장면만 드시며 살기에도 돈이 부족할 판인데, 어떻게 남은 노후의 비용 문제를 해결할 것인가?

나의 아버지는 나를 포함해 아들이 셋이다. 아내의 부모님은 딸이 넷이다. 현재 당신들께서 가진 돈은 얼마 없지만, 자식들이 십시일반 생활비와 의료비 등을 보태고 있으며, 틈틈이 허드렛일도 하시기 때문에 생계를 유지하고, 검소한 생활을 하시는데 큰 어려움이 없다. 비록 풍요롭게 지내지는 못하더라도 여생 동안 여러 자식들의 도움을 받을 수 있다. 나의 부모 세대인 60대 이상의 노인들은 이처럼 자식들을 여럿 낳아 열심히 키우고, 은퇴 후 자식들로부터 부양받을 수 있는 마지막 세대일 것이다. 그들은 다 같이 못 배우고, 못 살던 시절에 젊은 시기를 보냈다. 그러면서도 자식들만큼은 잘 배우고, 잘 살아야 한다는 소망을 갖고, 하루하루 고된 삶을 이겨내신 분들이 많다. 어려운 환경에서도 가장이 혼자 돈을 벌어서 자녀들은 물론 부모, 조부모까지 2~3대를 부양하는 경우도 많았다.

반면에 현재 젊은 세대는 노인 세대 때와는 비교할 수 없을 만큼 풍족한 환경에서 젊은 시기를 보내고 있다. 하지만, 과거와는 달리 학력과 빈부의 차이가 심한 환경에서 치열한 경쟁을 하면서 살아야 한다. 소득대비 주거와 자녀 교육에 들이는 비용이 너무 커져서 부부가 함께 돈을 벌어도 한 가족 먹고살기가 벅찬 세상이 되었다. 게다가 기대수명은 늘고 있는데 반해 직장에 다닐 수 있는 기간은 짧아졌고, 고용불안도 심하다. 또한, 노후에 자식 한둘에게 손을 벌릴 수 있을 것이라 기대하는 사람은 찾아보기 어렵다. 이전 세대에 비해 삶의 질은 나아졌겠지만 감내해야 하는 삶의 무게는 오히려 더 무거워졌을지 모른다.

나는 이런 여러 가지 이유 때문에 지금의 젊은 세대가 겪게 될 노후 문제는 과거나 현재에 비해 대단히 심각할 가능성이 크다고 생각한다. 따라서 넉넉하면 넉넉한 대로, 부족하면 부족한 대로 젊어서부터 노후자금 마련 계획을 세우고, 꾸준히 실행해 옮길 필요가 있다. 그렇다고 크게 걱정할 것까지는 없다고 생각한다. 55세나

60세에 은퇴해 한가로이 골프나 해외여행을 즐기면서 노후를 보내겠다는 환상만 갖지 않는다면 쉽게 풀릴 수도 있는 문제라고 생각하기 때문이다.

노후자금 마련 계획은 다른 목적의 투자계획과는 다른 관점에서 바라볼 필요가 있다. 다른 목적의 투자계획은 일시에 또는 단기간에 지출하게 될 목돈을 마련하기 위한 것이라면, 노후자금 마련 계획은 은퇴한 뒤부터 사망하기 직전까지 수십 년에 걸쳐 지출하게 될 생활자금을 마련하기 위한 것이기 때문이다. 따라서 노후자금 마련 계획은 목돈 마련 계획이라기보다는 소득 마련 계획이라고 표현하는 게 더 적절하다.

노후에 소득을 얻는 방법은 여러 가지가 있겠지만 직접 일해서 얻게 되는 소득을 제외하면 보유자산에서 얻게 되는 소득이 대표적이다. 보유자산에서 얻게 되는 소득은 두 종류로 나누어 볼 수 있다. 하나는 임대소득, 이자소득, 배당소득 등 자산운용을 통해 얻게 되는 소득이고, 또 다른 하나는 자산을 분할하여 얻게 되는 소득이다. 예를 들어 현금 1억 원을 정기예금에 넣어 두고 매년 500만 원을 이자로 받는다면 이는 자산운용을 통해 얻게 되는 소득이고, 연금상품 등에 넣어 두고 원금과 이자를 분할하여 매년 1,000만 원을 연금으로 받거나 인출한다면 이는 자산을 분할하여 얻게 되는 소득이다. 전자의 경우 원금은 보존되지만, 물가상승 때문에 원금과 이자의 실질가치는 시간이 가면서 계속 감소한다. 만약 1억 원을 정기예금이 아닌 부동산이나 주식 등의 형태로 보유하고 있다면 부동산 임대소득이나 주식 배당금 등 자산운용을 통해 얻게 되는 소득 외에도 자산 가격의 상승을 기대할 수 있지만, 반대로 자산 가격이 하락하게 될 위험도 함께 존재한다. 후자의 경우 원금이 계속 줄어 언젠가 소진된다. 이는 보유자산을 생존기간 동안 조금씩 나누어서 쓰는 개념이기 때문에 엄밀히 말하면 소득을 얻는다기보다 소득 효과를 얻는 것이라 말할 수 있다. 국민연금, 퇴직연금 등도 젊어서 소득의 일부를 적립하고, 은퇴 후 원금과 이자를 분할하여 연금을 받는 것이기 때문에 후자의 경우라 볼 수 있다.

이 책에서는 후자, 즉 자산을 분할하여 얻게 되는 소득을 고려한 노후자금 마련 계획에 대해 안내할 것이다. 많은 사람들이 자산운용을 통해 얻게 되는 소득만으로 노후생활을 하고 싶어 하지만 이는 쉽지 않은 일이다. 대부분의 사람들은 은퇴 후 생존기간 동안 보유자산을 전부 소진하면서 생활하더라도 풍족한 노후를 보내기 어려운 게 현실이기 때문이다. 내가 이렇게 주장하는 이유를 굳이 설명하지 않더라도 책을 읽다 보면 느낄 수 있을 것으로 생각한다. 그러면 지금부터 국민연금에 관한 내용을 시작으로 노후자금 마련을 위한 투자계획을 수립하는 과정에 대해 안내하겠다. 국민연금은 누가 뭐라 해도 가장 우선적으로 고려해야 하는 노후소득원이다. 따라서 자신이 향후 받게 될 국민연금이 얼마가 될지 예상해 보는 일은 노후자금 마련 계획 때 가장 먼저 해야 할 일이다. 그리고 최근 기업과 직장인들 사이에 많은 이슈가 되고 있는 퇴직연금에 대해서도 살펴보겠다.

• 2단계 •
국민연금, 얼마나 도움이 될까

국민연금은 우리의 노후에 얼마나 도움이 될까? 말도 많고 탈도 많지만, 국민연금을 빼놓고 노후준비에 관해 논하기는 어렵다. 충분한 노후소득을 기대하기는 어렵더라도 대부분의 사람들에게 국민연금은 가장 기본적인 노후소득원이 될 것이기 때문이다. 특히 소득이 적은 사람들일수록 노후에 국민연금과 기초노령연금 등 사회보장제도에 대한 의존도가 높을 게 분명하다. 따라서 국민연금을 주춧돌 삼아 그 위에 기둥을 세우고, 지붕을 올린다는 생각으로 노후자금 마련 계획을 세워야 한다. 그러면 국민연금이 실질적으로 노후에 얼마나 도움이 될지 살펴보자.

현재 국민연금은 만 18세 이상 만 60세 미만인 사람들이 소득활동을 하는 동안 보험료를 내고, 만 60세부터 수령하도록 되어 있지만 1969년 이후에 출생한 사람들은 만 65세부터 수령하게 된다.

〈국민연금 수급 연령〉

출생연도	수급개시연령
1953~1956년생	61세
1957~1960년생	62세
1961~1964년생	63세
1965~1968년생	64세
1969년생 이후	65세

출처: 국민연금공단 홈페이지 www.nps.or.kr

국민연금은 얼마나 받을 수 있을까? 이는 국민연금공단의 홈페이지 www.nps.or.kr 에서 가입자 개인이 지금까지 납부한 국민연금보험료와 예상가입기간 등을 고려한 '예상연금 조회' 또는 여러 조건 값을 직접 입력하여 계산해 보는 '예상연금 모의계산' 등을 통해 추정해 볼 수 있다. 이를 통해 현재의 물가를 기준으로 계산된 예상 연금액을 확인할 수 있으며, 연금을 받게 될 시기의 미래 가치로 환산된 예상 연금액도 확인해 볼 수 있다. 자신이 향후 국민연금을 얼마나 수령하게 될지 알고 싶다면 현재로서는 국민연금공단의 홈페이지 등을 통해 조회해 보는 게 가장 좋은 방법이다. 따라서 직접 계산하는 방법까지 알 필요는 없다. 하지만, 이렇게 조회된 예상 연금액을 전부 받게 될 것인가에 대해서는 한 번쯤 고민해 볼 문제이기 때문에 국민연금 급여액 산정 방식과 제도의 특징 등에서는 대략이라도 알아 두는 게 도움이 될 것이다.

혹시 국민연금의 소득대체율에 대해 알고 있는가? 이는 가입자 개인의 국민연금 가입기간 중 평균소득대비 연금액의 비율을 말하는데, 연금액 산출의 기초가 된다. 국민연금 급여액 산정 방식은 다소 복잡하지만, 다음과 같이 단순하게 표현해 볼 수 있다.

연금액 = 가입자 개인의 국민연금 가입기간 중 평균소득 × 소득대체율

국민연금의 소득대체율은 가입기간 40년을 기준으로 1998년까지는 70%였는데, 1999년부터 60%로 바뀌었고, 2008년에 다시 50%로 바뀌었다. 그리고 2009년부터 매년 0.5%p씩 줄어들어 2028년부터는 40%를 적용한다.

〈국민연금 소득대체율의 변화, 가입기간 40년 기준〉

	1988~1998년	1999~2007년	2008~2027년	2028년 이후
소득대체율	70%	60%	50% (매년 0.5%p씩 감소)	40%

출처: 국민연금공단 홈페이지 www.nps.or.kr

현재 국민연금에 가입되어 있는 사람도 최초 가입 당시의 소득대체율을 계속 적용받는 게 아니라 변경된 이후의 가입기간에 대해서는 변경된 소득대체율이 적용된다. 그리고 이 소득대체율은 가입기간이 40년인 경우를 기준으로 정해진 것이기 때문에 가입기간이 40년 미만인 경우에는 당연히 이보다 낮은 비율이 적용된다.

예를 들어 소득대체율 40%가 적용되는 2028년에 직장생활을 시작하면서 처음 국민연금에 가입하는 사람이 있다고 가정해 보자. 만약 그가 국민연금 가입기간 중 월평균 100만 원을 벌었다면 그 40%에 해당하는 40만 원(소득대체율의 개념을 설명하기 위해 단순 계산했으며, 실제 예상 연금액은 이와 다름)을 65세부터 매월 수령하게 될 것이다. 40년 동안 국민연금에 가입한 경우에 그렇다는 뜻이므로 가입기간이 30년이면 30만 원, 20년이면 20만 원, 10년이면 10만 원을 수령하게 된다고 보면 된다. 가입기간이 10년(120개월) 미만인 경우에는 연금을 받지 못하고, 정기예금 이자율로 계산된 이자를 더하여 일시금으로 받게 된다.

또한, 이 소득대체율은 전체 가입자의 평균소득에 맞추어 정해진 값이기 때문에 가입자들 개개인의 평균소득에 일률적으로 적용되지 않는다. 가입자 개인의 평균소득이 전체 가입자의 평균소득에 비해 높다면 이보다 낮은 소득대체율이 적용되고, 반대인 경우는 이보다 높은 소득대체율이 적용된다. 즉, 전체 가입자의 평균소득을 기준으로 이보다 소득이 많은 사람들에게는 덜 주고, 소득이 적은 사람들에게는 더 준다는 뜻으로 이해하면 된다.

그러면 현재 35세인 홍길동 씨의 경우를 예로 들어 국민연금을 얼마나 받게 될지 구체적으로 알아보자. 2010년 현재의 국민연금 급여액 산정 방식에 의해 대략 계산해 보겠다. 세부적인 계산 과정은 생략하고, 상황별로 결과 값만 제시하도록 하겠다.

홍길동 씨

- 2010년 현재 만 35세
- 2002년 국민연금 최초 가입
- 현재의 급여: 월평균 250만 원(기준소득월액)
- 국민연금 보험료: 월 225,000원(기준소득월액의 9%, 회사부담 4.5%, 본인부담 4.5%)

홍길동 씨는 국민연금의 소득대체율이 60%였던 2002년에 국민연금에 최초 가입했지만, 소득대체율은 2008년에 50%로 하향조정 되었고, 이후 2028년까지 매년 0.5%p씩 감소한다. 따라서 홍길동 씨가 실제로 국민연금을 받을 때는 60%보다 낮은 소득대체율이 적용될 것인데, 40년 동안 가입하는 경우를 가정하여 홍길동 씨에게 적용될 소득대체율을 계산해 보면 대략 45.6%가 된다. 이제 홍길동 씨가 오늘 65세가 되었고, 과거 40년 동안 국민연금보험료를 한 번도 거르지 않고 납부했다고 가정해 보자. 미래에 수령하게 될 연금액을 현재의 물가를 기준으로 파악하기 위해 오늘 국민연금 수급 연령이 된 것으로 가정해 보자는 것이다. 그리고 현재 홍길동 씨의 소득이 월 250만 원이니까 과거 40년 동안 홍길동 씨의 평균소득도 월 250만 원이라고 가정해 보겠다. 이런 가정하에 계산해 보면 홍길동 씨는 다음 달부터 매월 114만 원(250만 원 × 45.6%)을 수령하게 될 것이며, 향후 연금액은 물가상승률(소비자물가지수의 변동률)을 반영해 매년 인상(변동)될 것이다.

눈치 빠른 독자들은 여기서 한 가지 의문이 들 것이다. 홍길동 씨의 과거 40년 동안의 평균소득이라고 가정하면 250만 원보다는 훨씬 적을 것이다. 왜냐하면, 홍길동 씨의 소득은 40년 전부터 꾸준히 인상되어 현재 250만 원이 되었을 것이므로 평균을 구하면 이보다 훨씬 적을 것이기 때문이다. 하지만, 평균소득을 계산할 때는 과거소득을 현재(국민연금 수급 연령 당시)의 소득가치로 환산해서 계산해 준다. 예를 들어 홍길동 씨가 실제로 2010년에 국민연금 수급 연령이 되었고, 이때를 기준으로 과거 40년 동안의 평균소득을 계산할 경우 1988년의 소득이 50만 원이었다면 4.79배인 239만 원으로, 1998년의 소득이 180만 원이었다면 1.42배인 256만 원으로 환산해서 계산해 주는 식이다. 이때 4.79, 1.42 등의 환산계수를 재평가율이라고 한다.

⟨2010년 현재 연도별 소득(기준소득월액) 재평가율⟩

재평가연도	1988	1989	1990	1991	1992	1993	1994	1995	1996	1997	1998
재평가율	4.785	4.23	3.683	3.079	2.672	2.366	2.084	1.924	1.764	1.595	1.421
재평가연도	1999	2000	2001	2002	2003	2004	2005	2006	2007	2008	2009
재평가율	1.388	1.409	1.384	1.357	1.268	1.196	1.143	1.106	1.068	1.023	1

출처: 국민연금공단 홈페이지 www.nps.or.kr

이 점을 고려해 국민연금 가입기간 중 홍길동 씨의 소득은 그 실질가치가 변함이 없었던 것으로 간주하여 평균소득을 250만 원으로 가정해 본 것이다.

그런데 앞서 제시한 국민연금의 소득대체율은 전체 가입자의 평균소득에 맞추어 정해진 값이며, 가입자들 개개인의 평균소득에 일률적으로 적용되는 게 아니라고 했다. 소득에 따라 달리 적용된다. 국민연금은 가입자 개인의 노후소득 보장뿐만 아니라 소득 재분배의 기능도 함께 하기 때문에 소득이 적은 사람들에게는 낸 돈에 비해 상대적으로 많이 주고, 소득이 많은 사람들에게는 낸 돈에 비해 상대적으로 적게 주는 방식으로 연금을 지급한다. 소득이 많은 사람들은 낸 돈보다 적게 받는다는 게 아니라 받게 될 몫이 일부 줄어든다는 뜻이며, 그만큼 소득이 적은 사람들에게 분배된다.

2010년 현재는 월 179만 원(1,791,955원)을 기준으로 이보다 평균소득이 높을수록 소득대체율이 감소하고, 반대의 경우 소득대체율이 증가한다. 여기서 월 179만 원은 국민연금 수급 전 3년간 전체 가입자의 평균소득이다.

〈연도별 국민연금 전체 가입자 평균소득의 변화〉

1990.3월 ~ 1991.2월	1991.3월 ~ 1992.2월	1992.3월 ~ 1993.2월	1993.3월 ~ 1994.2월	1994.3월 ~ 1995.2월	1995.3월 ~ 1996.2월	1996.3월 ~ 1997.2월
423,569원	486,449원	581,837원	670,540원	757,338원	859,838원	931,293원
1997.3월 ~ 1998.2월	1998.3월 ~ 1999.2월	1999.3월 ~ 2000.2월	2000.3월 ~ 2001.2월	2001.3월 ~ 2002.2월	2002.3월 ~ 2003.2월	2003.3월 ~ 2004.2월
1,015,544원	1,123,185원	1,260,611원	1,290,803원	1,271,595원	1,294,723원	1,320,105원
2004.3월 ~ 2005.2월	2005.3월 ~ 2006.2월	2006.3월 ~ 2007.2월	2007.3월 ~ 2008.2월	2008.3월 ~ 2009.2월	2009.3월 ~ 2010.2월	2010.3월 ~ 2011.2월
1,412,428원	1,497,798원	1,566,567원	1,618,914원	1,676,837원	1,750,959원	1,791,955원

출처: 국민연금공단 홈페이지 www.nps.or.kr

* 전체 가입자의 평균소득이란 연금 수급 전 3년간 전체 가입자의 평균소득월액을 현재가치로 재평가한 소득의 평균액을 말하며, 여기서 평균소득월액이란 매년 12월 31일 현재 사업장 가입자 및 지역가입자 전원의 기준소득월액의 평균액을 말함

만약 홍길동 씨의 국민연금 가입기간 중 평균소득이 국민연금 수급 전 3년간 전체 가입자의 평균소득과 동일한 179만 원이라면 앞서 계산한 45.6%의 소득대체율이 그대로 적용되지만, 홍길동 씨의 평균소득은 이보다 많다. 따라서 소득 차이를 고려하지 않고 계산된 연금액 114만 원을 전부 받지 못하며, 평균소득 250만 원 대비 39% 정도인 98만 원을 받게 될 것이다. 하지만, 2002년 국민연금에 처음 가입한 홍길동 씨는 60세가 될 때까지 보험료를 쉬지 않고 납부하더라도 총 가입기간은 33년이다. (65세까지 납부하더라도 38년이다.)

따라서 가입기간 40년을 기준으로 산출된 예상 연금액 98만 원도 전부 받지 못할 것이다. 이 점을 고려해 국민연금 가입기간을 30년으로 가정하면 홍길동 씨는 평균소득 대비 30% 정도인 76만 원을 받게 될 것이다. 그런데 실제로 홍길동 씨가 65세가 될 때는 이마저도 전부 못 받게 될 가능성이 충분히 있다. 아니면 동일한 연금을 받기 위해 더 많은 국민연금보험료를 납부하게 될지 모른다. 왜냐하면, 그동안 국민연금의 적자 시기를 늦추기 위해 여러 번 제도가 수정되었고, 앞으로도 그렇게 될 가능성이 크기 때문이다.

2003년부터 5년마다 국민연금기금의 안정성을 평가해서 보험료율과 소득대체율 등을 조정할 수 있게 되어 있는데, 젊은 인구에 비해 노인 인구의 증가 속도가 빠른 상황에서 기금의 안정성을 높이려면 연금액을 인하하거나 보험료를 인상하는 방법 외에는 뾰족한 수가 없다. 물론 연금액과 보험료에 손을 대지 않고, 운용수익률을 높이는 게 가장 좋은 방법이겠지만 수익과 위험은 비례하기 때문에 사적 기금이 아닌 국민연금이 고수익을 추구하는 데는 많은 제약이 따를 수밖에 없다.

이런 이유 때문에 최초에는 국민연금보험료가 급여(기준소득월액)의 3%였지만 꾸준히 인상되어 현재는 9%를 내고 있다. 물론 직장인들은 회사에서 절반을 내주기 때문에 실질적으로는 4.5%를 내는 것이지만 급여가 오르면 그만큼 비례해서 보험료를 더 내야 하기 때문에 적은 인상률이라고 말하기는 어렵다. 이에 반해 최초 70%였던 소득대체율이 지금은 50% 아래로 하향 조정되었고, 현재 60세인 국민연금 수급 연령은 늦춰져 1969년 이후에 출생한 사람들은 65세부터 연금을 받게 된다. 조금 전 가입기간 30년, 가입기간 중 평균소득을 250만 원으로 가정했을 때 홍길동 씨의 예상 연금액이 76만 원이라고 말했지만 모든 조건을 동일하게 주고 2008년 이전의 국민연금 급여액 산정 방식으로 계산해 보면 97만 원이고, 1999년 이전의 방식으로 계산해 보면 110만 원이다. 그냥 보기에도 연금액이 눈에 띄게 많이 줄었다.

반면에 그동안 보험료율은 올랐고, 연금 수급 연령은 뒤로 늦춰졌기 때문에 실질적인 연금액은 눈에 보이는 것보다 훨씬 더 많이 줄어든 것이다. 현재 대한민국은 고령화 진행 속도가 전 세계에서 가장 빠른 국가 중 한 곳임을 생각하면 이런 식의 제도 변화는 앞으로도 계속 논의될 가능성이 매우 크다. 또한, 국민연금보험료를 납부하지 못한 기간은 연금액 결정 때 가입기간 산정에서 제외되는데, 직장인들이 회사를 몇 번 옮겨 근무를 계속하더라도 50대 중반 이전에는 직장생활을 청산할 가능성이 크다고 보면 홍길동 씨가 30년 이상 가입기간을 채우지 못하게 될 가능성도 큰 게 사실이다. 50대에 퇴직하여 재취업을 하거나 자영업을 하더라도 그 이전의 급여만큼 소득을 유지하기란 쉬운 일이 아닐 것이기 때문에 국민연금보험료도 그 이전보다 낮은 소득을 기준으로 납부하게 될 가능성이 크다. 따라서 현재 연금 수급 연령이 얼마 남지 않은 은퇴자들이나 은퇴예정자들은 신경 쓸 일이 별로 없지만 향후 20~30년 뒤에나 국민연금을 수령하게 될 젊은 사람들은 국민연금에 대해 보수적으로 기대하는 게 좋을 것이다.

구체적으로 말하면 나는 이런 여러 상황을 고려했을 때 국민연금공단 홈페이지의 '예상연금 조회'나 '예상연금 모의 계산' 등에 의해 추정해 볼 수 있는 예상 연금액의 70% 수준에서 연금액을 기대하는 게 적절하다고 생각한다. 홍길동 씨의 경우 가입기간을 30년으로 가정하면 예상 연금액은 76만 원이지만 그 70% 수준인 53만 원 정도를 기대하는 게 적절할 것이라는 뜻이다. 물론 실제로는 이보다 많이 받게 될 수도 있기 때문에 단정적인 주장을 하는 건 아니다. 홍길동 씨 개인의 직업과 소득의 안정성, 국민연금을 바라보는 시각 등에 따라 달리 판단될 문제이기는 하지만 적게 예상하고 좀 더 신경 써서 노후준비를 하는 것이 넉넉하게 기대하고 소홀히 지내는 것보다 나을 것이다.

맞벌이를 하는 경우 부부가 함께 국민연금을 받을 수 있지만, 대한민국에서 여성인 배우자가 30년 이상 소득활동을 하기란 쉬운 일이 아니다. 다른 이유는 제쳐 두더라도 아이들 때문에 10년 이상 직장을 다니지 못하는 경우가 흔하다. 이는 그만큼 여성들이 국민연금 가입기간을 오랫동안 채우기가 어렵다는 말이다. 물론 전업주부가 되어서도 본인이 희망할 경우 국민연금보험료를 계속 납부할 수 있지만, 일부러 높은 소득을 기준으로 하여 많은 보험료를 내기는 부담스러운 일이다. 따라서 여성의 경우 남성보다 더 보수적인 수준에서 연금액을 기대하는 게 좋으리라 생각한다.

이쯤 되면 '국민연금보험료를 왜 납부해야 하는가?'라고 생각하는 독자들이 있을지 모르겠다. 하지만, 꼭 그렇게 부정적으로 생각할 일만은 아니다. 그동안 보험료를 올리고 연금액을 낮추었다 하더라도 여전히 낸 돈에 비해 많은 돈을 받게 되어 있기 때문에 연금액이 많고 적고를 따질 때도 자신이 납부하는 보험료와 비교해서 따져 볼 필요가 있다.

앞의 예에서 홍길동 씨는 현재 매월 22만 5천 원을 국민연금보험료로 납부하고 있다. 향후 보험료와 연금액의 실질가치가 변하지 않는다고 가정하면 홍길동 씨는 매월 22만 5천 원씩 30년 동안 납부하고, 15년 동안 매월 45만 원씩(월 22만 5천 원 × 30년 = 월 45만 원 × 15년)만 받아도 손해 보는 것은 없다.

직장인의 경우 회사에서 보험료의 절반을 내주는 점을 고려하면 사실 적지 않은 수익을 얻게 된다. 특히 소득이 적은 사람일수록 낸 돈에 비해 받는 돈의 비율이 상대적으로 커지기 때문에 소득이 많은 사람에 비해 상대적인 이익을 보게 된다. 간혹 국민연금을 용돈연금이라고 말하는 경우가 있는데, 이는 국민연금에 대한 불신을 표현한 말이지만 다른 한편에서 보면 낸 돈은 생각하지 않고, 받을 돈이 적다고만 생각하기 때문에 나오는 말이기도 하다.

현재 연금상품을 포함한 어떤 금융상품도 국민연금처럼 물가상승에 따른 연금액의 실질가치를 법으로 보장해 주는 것은 없다. 주식형펀드나 변액보험 등의 금융상품에 비해 기대수익률은 낮을지 몰라도 가입자가 직접 투자위험을 감수할 일이 없기 때문에 위험대비 국민연금의 기대수익률은 결코 낮다고 볼 수 없다. 게다가 80세든, 90세든 생존하는 동안 평생 연금을 지급할 것을 국가에서 보증한다.

나는 이 3가지 이유_(즉, 물가상승에 따른 연금액의 실질가치 보존, 위험 대비 기대수익률, 종신연금 지급)만으로도 국민연금은 제 기능을 하게 될 것이라 기대한다. 물론 연금을 오래 못 받고 사망하면 손해를 볼 수 있지만, 반대로 오래 살수록 그렇지 못한 사람들에 비해 혜택을 더 많이 보는 것이므로 이런 점도 함께 생각해 봐야 할 것이다. 용돈이라는 표현도 그렇다. 젊어서는 마트에 가서 일주일치 장을 보면 돈 10만 원쯤 쉽게 써버릴 수 있을지 몰라도 노후에 특별한 소득원이 없다면 10만 원이 한 달치 생활비가 될 수도 있다. 같은 돈이라도 젊어서 느끼는 가치와 노후에 느끼는 가치 사이에는 분명히 큰 차이가 존재한다.

결론적으로 내가 하고 싶은 말은 국민연금이 충분한 노후소득을 보장해 주지는 못하더라도 대부분의 사람들에게 없어서는 안 될 중요한 제도라는 사실이다. 소득이 적은 사람들에게는 특히 중요한 제도이다. 그런데 현재 많은 사람들이 국민연금을 불신하고 있으며, 심지어 폐지를 주장하는 사람들도 있다. 향후 국민연금 보험료가 더 인상되거나 연금액이 더 줄게 되면 이러한 불신은 더욱 커질 게 분명하다. 처음 시행할 때 낸 돈에 비해 터무니없이 많은 돈을 주겠다고 거짓말을 한 게 근본적인 문제이기 때문에 불신받는 것은 당연하지만, 그뿐만 아니라 보험료 체납을 이유로 하루하루 살기에도 급급한 사람들의 재산을 압류하는 등 제도적으로 개선되어야 할 문제들이 있는 것도 사실이지만, 나는 국민연금제도가 유지되는 한 이와 같은 제도 변화는 필요한 과정이라고 생각한다.

그렇지 않고 지금처럼 젊은 인구의 비율은 계속 줄고, 노인인구의 비율만 늘게 되면 우리 아이들 세대 때는 국민연금보험료나 소득세 명목으로 급여의 30%를 떼게 될지 40%를 떼게 될지 아무도 알 수 없다. 그러지 않기를 바라지만 국민연금제도의 저부담 고급여 체제가 변화되지 않으면 충분히 있을 수 있는 일이다.

왜냐하면, 현재의 국민연금제도는 금융회사에서 판매하는 연금상품처럼 개인의 계좌로 관리되다가 노후에 자기 돈을 찾아가는 방식이 아니라 국가에서 기금을 통째로 관리하면서 가입자들에게 약속한 연금을 지급하고, 기금이 부족해지면 젊은 사람들이 낸 보험료를 모아서 노인들에게 바로 전달해 주는 방식으로 운용되기 때문이다. 이런 문제 때문에 현재 여러 국가가 국민연금제도를 민영화하여 개인계좌 형태로 관리하는 방안에 대해 검토하고 있기도 하다. 자신이 낸 돈만큼 노후에 돌려받으면 되기 때문에 이런 민영화가 합리적인 방안일 것 같지만 이렇게 되면 국민연금의 소득재분배 기능과 젊은 사람들이 노인들을 부양하는 세대부양 기능이 많이 축소되거나 없어져 버릴 것이기 때문에 가난한 사람들은 노후에 기본적인 생계조차 위협받게 될 가능성이 있다. 그러면 국가는 결국 다른 방법으로 국민에게서 돈을 거두어 문제를 해결하려고 할 것이다. 그렇기 때문에 국민연금의 민영화가 전체 국민을 위해 꼭 좋은 것이라고 말하기도 어렵다.

  국민연금제도는 첫 단추부터 잘못 끼워진 채 시작됐기 때문에 여러 가지 문제점과 불확실성을 가진 건 분명한 사실이지만 30세 이상 성인 10명 중 4명 이상이 60세 이상의 노인들로 채워질 20년쯤 뒤에는 대부분의 노인들에게 없어서는 안 될 중요한 제도가 될 것으로 생각된다. 따라서 노후자금 마련을 위한 투자계획을 수립할 때 자신이 향후 받게 될 국민연금 수령액을 예상해 보고, 이를 꼭 투자계획에 반영해야 한다. 지금 잠시 책을 덮고, 국민연금공단의 홈페이지(www.nps.or.kr)에 접속하여 향후 자신이 받게 될 예상 연금액을 확인해 보기 바란다.

• 3단계 •
퇴직연금, 얼마나 도움이 될까

최근 많은 이슈가 되고 있는 퇴직연금은 노후에 얼마나 도움이 될까? 결론부터 말하면 퇴직연금으로도 충분한 노후소득을 기대하기는 어렵다. 하지만, 퇴직연금은 국민연금과의 연장선에서 생각해 볼 필요가 있다. 국민연금이 대부분의 사람들에게 가장 기본적인 노후소득원이 될 것이라면, 퇴직연금은 이를 보완해 줄 수 있는 좋은 제도이기 때문이다. 퇴직연금제도를 도입한 가장 중요한 이유는 국가가 국민연금만으로는 국민들의 노후소득을 보장해 줄 수 없기 때문이다. 무슨 말인가 하면 과거 평생직장이라는 개념이 보편적이었던 시대에는 근로자들이 퇴직금을 주로 퇴직 후 노후생활에 보태 썼다.

하지만, 평생직장의 개념이 사라지고, 연봉제 확대, 이직률 증가, 비정규직 근로자 증가, 조기퇴직자 증가 등 여러 이유 때문에 퇴직금을 중간 정산하거나 조기에 수령하는 일이 비일비재해졌다. 문제는 대부분의 사람들이 이렇게 받은 퇴직금을 노후자금 목적으로 관리하기보다는 현재의 생활을 위해 대부분 써버린다는 사실이다. 이대로라면 각 개인의 노후준비가 지금보다 더 부실해질 것이기 때문에 그만큼 국가의 부담도 시간이 가면서 점점 커질 수밖에 없다.

그래서 정부는 관련 법을 신설 또는 개정하여 기업들이 퇴직연금제도를 도입하도록 유도하고, 근로자들에게는 퇴직금을 미리 받아 쓰지 말고 잘 보관해 두었다가 노후에 쓰도록 유도하는 것이다. 그리고 퇴직연금제도를 도입한 기업은 근로자들에게 지급할 퇴직금 재원 중 전부 또는 일부를 금융회사에 맡겨둬야 하고, 그 돈에 손을 댈 수 없다. 기업이 도산해서 근로자들이 밀린 임금은 물론 퇴직금조차 지급받지 못하는 사례가 많다는 점을 생각하면 퇴직연금제도를 통해 근로자들의 마지막 보루나 다름없는 퇴직금을 보호하려는 의도도 있다. 그런데 그렇게 해서 근로자들에게 돌아갈 퇴직금 몫이 커지면 모르겠지만, 기업은 그럴 의무가 없기 때문에 퇴직연금으로도 충분한 노후소득을 보장받기는 어렵다고 말하는 것이다. 그러면 이번에도 홍길동 씨의 경우를 예로 들어 퇴직연금을 얼마나 받게 될지 알아보자.

퇴직연금의 예상 연금액은 홍길동 씨 개인의 급여, 급여인상률, 근속연수, 퇴직연금의 운용수익률 등에 의해 차이가 생기기 때문에 정확히 계산할 수는 없다. 따라서 대략적인 추정만 해 볼 것이다. 홍길동 씨가 현재의 직장에서 정년까지 근무하는 것으로 가정하고, 그전에 퇴직금을 중간 정산받지 않는다고 가정해 보겠다. 그리고 정년퇴직 때 퇴직금을 일시금으로 받는 대신 15년 동안 연금으로 나누어 받는 것으로 가정하겠다. 퇴직연금은 이처럼 퇴직금을 매년 분할해서 연금으로 나누어 받는 개념으로 생각해도 큰 무리가 없다.

홍길동 씨

- 2010년 현재 만 35세
- 2002년 현재의 직장에 입사
- 회사 정년: 만 55세
- 현재의 급여: 월평균 250만 원
- 급여인상률: 연평균 5% 가정

- 물가상승률: 연평균 3.5% 가정
- 퇴직 후 퇴직연금의 운용수익률: 물가상승률과 동일한 것으로 가정

현재 법정퇴직금은 퇴직 당시 월평균 급여에 근속연수를 곱한 금액(퇴직 전 3개월 동안의 30일분 평균임금 × 근속연수)을 받는다고 생각하면 된다. 장기근속자에게 누진제를 적용하는 경우 누진율을 곱해야 하고, 과거에 퇴직금을 중간 정산받은 일이 있다면 그 이전의 기간은 근속연수에서 제외된다.(운용의 책임이 기업에 귀속되는 확정급부형 퇴직연금에서 지급받게 될 퇴직금은 퇴직 당시 급여와 근속연수로 계산되는 법정퇴직금과 큰 차이가 없지만, 운용의 책임이 근로자에게 귀속되는 확정기여형 퇴직연금에서 지급받게 될 퇴직금은 퇴직 전 운용수익률에 따라 법정퇴직금보다 많을 수도, 적을 수도 있다.)

현재 홍길동 씨의 급여는 월 250만 원인데, 급여인상률을 연평균 5%로 가정할 경우 20년 뒤 정년 때의 급여는 월 663만 원(250만 원에 1.05를 20번 곱한 값)이 될 것이다. 근속연수는 입사 연도인 2002년부터 계산하면 28년이다. 따라서 정년퇴직 때 받게 될 예상 퇴직금은 약 1억 8,600만 원(663만 원 × 28년, 퇴직소득세 납부 전)이다. 이를 현재의 물가를 기준으로 환산해 보면, 물가상승률을 연 3.5%로 가정할 경우 대략 현재의 9,300만 원과 같은 돈이다.

이제 홍길동 씨가 오늘 정년퇴직하면서 퇴직금 9,300만 원을 일

시금으로 받지 않고, 15년간 나누어서 연금으로 받는다고 가정해 보겠다. 미래의 연금액을 현재의 물가를 기준으로 파악하기 위해 오늘 정년퇴직하는 것으로 가정해 보자는 것이다. 복잡하게 따질 것 없이 단순하게 계산해 보겠다. 9,300만 원 ÷ 15년 = 연 620만 원이니까 월 52만 원 정도를 받게 될 것이다. 국민연금 수령액 53만 원(가입기간 30년 예상 연금액의 70% 수준)과 합하면 105만 원 정도가 되겠지만, 국민연금은 65세 때부터 받을 수 있기 때문에 55세부터 64세까지는 퇴직연금으로 52만 원만 받게 될 것이다. 그리고 퇴직연금 지급이 끝나는 70세 이후에는 국민연금 53만 원만 받게 될 것이다. 만약 퇴직연금 지급기간을 10년으로 정할 경우 같은 방식으로 계산해 보면 월 78만 원을 받게 된다. 따라서 55세부터 64세까지 10년 동안 퇴직연금을 전부 수령하고, 이후에는 국민연금만 수령하는 식으로 두 가지 연금제도를 연계해서 활용할 수도 있다.

지금까지 살펴본 홍길동 씨의 퇴직연금은 정년인 55세까지 근속하는 경우를 가정한 것이다. 따라서 홍길동 씨가 정년 때까지 근속할 것으로 기대하지 않는다면 예상 연금액은 이보다 보수적으로 기대해야 할 것이다. 여기서 정년이라 함은 반드시 현재의 직장에서 근속하는 것으로 이해할 필요는 없다. 이직하더라도 전

직장에서 받은 퇴직금을 다른 직장의 퇴직연금으로 이전하거나 IRA (Individual Retirement Account, 개인퇴직계좌: 근로자가 퇴직, 이직, 중간정산 등을 통해 일시금으로 받은 퇴직금을 은퇴 시까지 금융회사에 적립해 둘 수 있도록 하는 퇴직연금제도)에 넣어 두고 연속해서 운용할 수 있기 때문에 직장을 여러 번 옮기더라도 최종 직장에서 정년 때까지 근무하는 것으로 이해하면 된다.

만약 홍길동 씨가 중간정산, 이직, 조기퇴직 등의 사유로 받은 퇴직금을 은퇴 전에 전부 써버린다면 당연히 퇴직연금은 한 푼도 받지 못할 것이다. 따라서 부득이한 경우라면 어쩔 수 없겠지만, 퇴직금을 조기에 수령하더라도 다른 목적에 쓰지 말고, 가급적 IRA에 넣어두거나 연금상품에 투자하는 등의 방법으로 노후 때까지 지속적인 관리를 해야 할 필요가 있다. 미리 쓰더라도 주택을 구입하는 등 자산을 보유하기 위한 목적이어야지 소비성 지출로 없애버리는 일은 가급적 피해야 할 것이다.

⟨홍길동 씨의 퇴직연금 및 국민연금 예상 연금액, 연금소득세 납부 전⟩

1. 55세부터 퇴직연금을 수령하는 경우

(단위: 원)

연령	퇴직연금 예상연금 월액(현재의 물가기준, 퇴직연금 운용 수익률=물가상승률 가정)					
	퇴직연금 55세부터 5년간 수령			퇴직연금 55세부터 10년간 수령		
	퇴직연금	국민연금	합계	퇴직연금	국민연금	합계
55세	1,550,000	–	1,550,000	780,000	–	780,000
56세	1,550,000	–	1,550,000	780,000	–	780,000
57세	1,550,000	–	1,550,000	780,000	–	780,000
58세	1,550,000	–	1,550,000	780,000	–	780,000
59세	1,550,000	–	1,550,000	780,000	–	780,000
60세	–	–	–	780,000	–	780,000
61세	–	–	–	780,000	–	780,000
62세	–	–	–	780,000	–	780,000
63세	–	–	–	780,000	–	780,000
64세	–	–	–	780,000	–	780,000
65세	–	530,000	530,000	–	530,000	530,000
66세	–	530,000	530,000	–	530,000	530,000
67세	–	530,000	530,000	–	530,000	530,000
68세	–	530,000	530,000	–	530,000	530,000
69세	–	530,000	530,000	–	530,000	530,000
70세	–	530,000	530,000	–	530,000	530,000
71세	–	530,000	530,000	–	530,000	530,000
72세	–	530,000	530,000	–	530,000	530,000
73세	–	530,000	530,000	–	530,000	530,000
74세	–	530,000	530,000	–	530,000	530,000
75세	–	530,000	530,000	–	530,000	530,000
76세	–	530,000	530,000	–	530,000	530,000
77세	–	530,000	530,000	–	530,000	530,000
78세	–	530,000	530,000	–	530,000	530,000
79세	–	530,000	530,000	–	530,000	530,000

(단위: 원)

연령	퇴직연금 예상연금 월액(현재의 물가기준, 퇴직연금 운용 수익률=물가상승률 가정)					
	퇴직연금 55세부터 15년간 수령			퇴직연금 55세부터 20년간 수령		
	퇴직연금	국민연금	합계	퇴직연금	국민연금	합계
55세	520,000	-	520,000	390,000	-	390,000
56세	520,000	-	520,000	390,000	-	390,000
57세	520,000	-	520,000	390,000	-	390,000
58세	520,000	-	520,000	390,000	-	390,000
59세	520,000	-	520,000	390,000	-	390,000
60세	520,000	-	520,000	390,000	-	390,000
61세	520,000	-	520,000	390,000	-	390,000
62세	520,000	-	520,000	390,000	-	390,000
63세	520,000	-	520,000	390,000	-	390,000
64세	520,000	-	520,000	390,000	-	390,000
65세	520,000	530,000	1,050,000	390,000	530,000	920,000
66세	520,000	530,000	1,050,000	390,000	530,000	920,000
67세	520,000	530,000	1,050,000	390,000	530,000	920,000
68세	520,000	530,000	1,050,000	390,000	530,000	920,000
69세	520,000	530,000	1,050,000	390,000	530,000	920,000
70세	-	530,000	530,000	390,000	530,000	920,000
71세	-	530,000	530,000	390,000	530,000	920,000
72세	-	530,000	530,000	390,000	530,000	920,000
73세	-	530,000	530,000	390,000	530,000	920,000
74세	-	530,000	530,000	390,000	530,000	920,000
75세	-	530,000	530,000	-	530,000	530,000
76세	-	530,000	530,000	-	530,000	530,000
77세	-	530,000	530,000	-	530,000	530,000
78세	-	530,000	530,000	-	530,000	530,000
79세	-	530,000	530,000	-	530,000	530,000

2. 65세부터(국민연금 수급연령) 퇴직연금을 수령하는 경우

(단위: 원)

연령	퇴직연금 예상연금 월액(현재의 물가기준, 퇴직연금 운용 수익률=물가상승률 가정)					
	퇴직연금 65세부터 5년간 수령			퇴직연금 65세부터 10년간 수령		
	퇴직연금	국민연금	합계	퇴직연금	국민연금	합계
55세	-	-	-	-	-	-
56세	-	-	-	-	-	-
57세	-	-	-	-	-	-
58세	-	-	-	-	-	-
59세	-	-	-	-	-	-
60세	-	-	-	-	-	-
61세	-	-	-	-	-	-
62세	-	-	-	-	-	-
63세	-	-	-	-	-	-
64세	-	-	-	-	-	-
65세	1,550,000	530,000	2,080,000	780,000	530,000	1,310,000
66세	1,550,000	530,000	2,080,000	780,000	530,000	1,310,000
67세	1,550,000	530,000	2,080,000	780,000	530,000	1,310,000
68세	1,550,000	530,000	2,080,000	780,000	530,000	1,310,000
69세	1,550,000	530,000	2,080,000	780,000	530,000	1,310,000
70세	-	530,000	530,000	780,000	530,000	1,310,000
71세	-	530,000	530,000	780,000	530,000	1,310,000
72세	-	530,000	530,000	780,000	530,000	1,310,000
73세	-	530,000	530,000	780,000	530,000	1,310,000
74세	-	530,000	530,000	780,000	530,000	1,310,000
75세	-	530,000	530,000	-	530,000	530,000
76세	-	530,000	530,000	-	530,000	530,000
77세	-	530,000	530,000	-	530,000	530,000
78세	-	530,000	530,000	-	530,000	530,000
79세	-	530,000	530,000	-	530,000	530,000

(단위: 원)

연령	퇴직연금 예상연금 월액(현재의 물가기준, 퇴직연금 운용 수익률=물가상승률 가정)					
	퇴직연금 65세부터 15년간 수령			퇴직연금 65세부터 20년간 수령		
	퇴직연금	국민연금	합계	퇴직연금	국민연금	합계
55세	-	-	-	-	-	-
56세	-	-	-	-	-	-
57세	-	-	-	-	-	-
58세	-	-	-	-	-	-
59세	-	-	-	-	-	-
60세	-	-	-	-	-	-
61세	-	-	-	-	-	-
62세	-	-	-	-	-	-
63세	-	-	-	-	-	-
64세	-	-	-	-	-	-
65세	520,000	530,000	1,050,000	390,000	530,000	920,000
66세	520,000	530,000	1,050,000	390,000	530,000	920,000
67세	520,000	530,000	1,050,000	390,000	530,000	920,000
68세	520,000	530,000	1,050,000	390,000	530,000	920,000
69세	520,000	530,000	1,050,000	390,000	530,000	920,000
70세	520,000	530,000	1,050,000	390,000	530,000	920,000
71세	520,000	530,000	1,050,000	390,000	530,000	920,000
72세	520,000	530,000	1,050,000	390,000	530,000	920,000
73세	520,000	530,000	1,050,000	390,000	530,000	920,000
74세	520,000	530,000	1,050,000	390,000	530,000	920,000
75세	520,000	530,000	1,050,000	390,000	530,000	920,000
76세	520,000	530,000	1,050,000	390,000	530,000	920,000
77세	520,000	530,000	1,050,000	390,000	530,000	920,000
78세	520,000	530,000	1,050,000	390,000	530,000	920,000
79세	520,000	530,000	1,050,000	390,000	530,000	920,000

홍길동 씨의 퇴직연금 및 국민연금 예상 연금액

172~175쪽의 표에 대해 잠시 설명하겠다. 물가가 계속 오른다고 가정하면 돈의 가치는 시간이 지날수록 감소하는 결과가 된다. 따라서 홍길동 씨가 다음 달부터 국민연금 53만 원을 수령하는데, 내년에도 53만 원, 5년 뒤 그리고 10년 뒤에도 53만 원을 수령한다면 연금액은 변함이 없어 보이지만 물가와 비교한 연금액의 실질가치는 시간이 지날수록 감소하는 셈이다. 왜냐하면, 물가상승률을 연 3.5%로 가정할 경우 5년 뒤의 53만 원은 현재의 물가를 기준으로 45만 원의 가치를 지니며, 10년 뒤에는 38만 원의 가치밖에 되지 않기 때문이다. 하지만, 국민연금은 물가상승에 따른 연금액의 실질가치를 보존해 주기 위해 매년 물가상승률만큼 인상(변동)되므

로 물가상승률을 연 3.5%로 가정하면 내년에는 55만 원(= 53만 원 × 1.035), 5년 뒤에는 63만 원, 10년 뒤에는 75만 원, 이런 식으로 연금액이 계속 증가할 것이다. 따라서 국민연금의 경우 이론적으로는 물가가 오르더라도 연금액의 실질가치는 시간이 지나도 감소하지 않고, 최초의 연금액 53만의 가치에 고정되어 있다고 볼 수 있다. 이 점을 고려해 홍길동 씨가 국민연금에서 전체 기간 동안 변함없이 매월 53만 원(실질가치)을 받는 것으로 가정한 것이다.

(단위: 원)

경과 기간	국민연금 예상연금 월액(현재의 물가기준, 물가상승률 연 3.5% 가정)			
	연금액 균등 시		연금액 물가상승률만큼 인상 시	
	명목가치(액면가)	실질가치	명목가치(액면가)	실질가치
현재	530,000	530,000	530,000	530,000
1년	530,000	512,077	548,550	530,000
2년	530,000	494,761	567,749	530,000
3년	530,000	478,030	587,620	530,000
4년	530,000	461,864	608,187	530,000
5년	530,000	446,246	629,474	530,000
6년	530,000	431,155	651,505	530,000
7년	530,000	416,575	674,308	530,000
8년	530,000	402,488	697,909	530,000
9년	530,000	388,877	722,336	530,000
10년	530,000	375,727	747,617	530,000
11년	530,000	363,021	773,784	530,000

12년	530,000	350,745	800,866	530,000
13년	530,000	338,884	828,897	530,000
14년	530,000	327,424	857,908	530,000
15년	530,000	316,352	887,935	530,000
16년	530,000	305,654	919,013	530,000
17년	530,000	295,318	951,178	530,000
18년	530,000	285,331	984,469	530,000
19년	530,000	275,683	1,018,926	530,000

 한편, 퇴직연금은 퇴직금을 금융회사의 연금상품에 넣어 두고, 연금을 받는 개념이기 때문에 국민연금처럼 제도적으로 연금액이 물가상승률만큼 인상되지는 않는다. 퇴직금을 가입자가 희망하는 기간 동안 1/N로 균등하게 나누어서 지급하는 개념으로 볼 수 있다. (퇴직연금제도는 이제 시작 단계이기 때문에 향후 연금 수급 조건이나 수령 방법 등에 다양한 변화가 있을 수 있다.) 따라서 국민연금과는 달리 물가와 비교한 연금액의 실질가치는 시간이 지날수록 감소한다. 그런데 홍길동 씨의 사례에서처럼 9,300만 원을 단순히 15년으로 나누어 매월 52만 원을 지급하지는 않는다. 왜냐하면, 연금을 지급하는 동안 퇴직연금의 잔액은 무엇엔가 계속 투자되어 수익이 발생할 것이기 때문이다.

 만약 퇴직연금의 운용수익률이 물가상승률과 동일한 연 3.5%

라 가정하고, 운용수익률에 변함이 없다면 홍길동 씨는 다음 달부터 15년 동안 균등하게 매월 65만 원 (계산 과정 생략)을 받게 된다. 그럼에도 불구하고 전체기간 동안 매월 52만 원을 받는 것으로 가정한 이유는 물가상승에 따른 연금액의 실질가치를 최초의 연금액의 가치에 고정시키기 위해서다. 즉, 물가상승률을 연 3.5%로 가정하면 첫해에는 52만 원, 1년 뒤에는 54만 원 (= 52만 원 × 1.035), 5년 뒤에는 62만 원, 10년 뒤에는 73만 원 이런 식으로 연금액이 매년 물가상승률만큼 증가하는 것으로 가정했기 때문에 내년의 연금액이나 10년 뒤의 연금액이나 물가와 비교한 실질가치는 최초의 연금액 52만 원의 가치에 고정되어 있다는 뜻이다.

이렇게 가정하지 않으면 국민연금과 동등한 기준에서 퇴직연금의 가치를 비교할 수 없기 때문이다. 물가상승에 따른 국민연금의 실질가치가 변함이 없는 것으로 가정하여, 최초 연금액의 가치에 고정시켰기 때문에 퇴직연금의 실질가치 역시 같은 방식으로 가정하지 않으면, 두 연금액의 가치를 동등한 기준에서 비교할 수 없다. 두 사람의 키를 비교할 때 한 사람은 inch로 측정하고, 다른 한 사람은 cm로 측정했다면, inch든 cm든 단위를 하나로 통일시켜줘야 누구의 키가 더 큰 지 비교해 볼 수 있는 것과 같은 원리라고 보면 된다.

(단위: 원)

경과 기간	퇴직연금 예상연금 월액 (현재의 물가기준, 운용수익률=물가상승률=연 3.5% 가정)				
	연금액 균등 시		연금액 물가상승률만큼 인상 시		
	명목가치(액면가)	실질가치	명목가치(액면가)	실질가치	
현재	650,000	650,000	520,000	520,000	
1년	650,000	628,019	538,200	520,000	
2년	650,000	606,782	557,037	520,000	
3년	650,000	586,263	576,533	520,000	
4년	650,000	566,437	596,712	520,000	
5년	650,000	547,283	617,597	520,000	
6년	650,000	528,775	639,213	520,000	
7년	650,000	510,894	661,585	520,000	
8년	650,000	493,618	684,741	520,000	
9년	650,000	476,925	708,707	520,000	
10년	650,000	460,797	733,511	520,000	
11년	650,000	445,215	759,184	520,000	
12년	650,000	430,159	785,756	520,000	
13년	650,000	415,613	813,257	520,000	
14년	650,000	401,558	841,721	520,000	

• 4단계 •
퇴직연금 예상 연금액 계산

※ 이 과정에 의해 산출된 결과로 불확실한 미래의 상황을 정확히 예측할 수는 없습니다. 또한, 독자들이 직접 예상 연금액을 계산하는데 어려움이 없도록 계산 과정을 최대한 단순화했으며, 결과에 영향을 미치는 일부 변수의 값을 제한된 조건하에 (결과가 크게 왜곡되지 않는 범위 내에서) 별도의 설명 없이 저자가 임의로 적용했음을 알립니다.

〈홍길동 씨 사례 예시〉

①	현재 나이(만)	35세
②	퇴직 나이(본인 예상)	55세
③	퇴직까지 남은 기간 (②퇴직 나이 - ①현재 나이)	20년
④	현재 급여(월 평균)	월 250만 원
⑤	급여인상률(본인 예상)	연평균 5.0%
⑥	급여 환산계수(〈급여 환산표〉 이용)	2.65
⑦	퇴직 시점 예상 급여 (④현재 급여 × ⑥급여 환산계수)	월 663만 원
⑧	현재까지 근속연수(퇴직금 중간 정산 받은 경우 그 이후부터 계산)	8년
⑨	총 근속 연수 (③퇴직까지 남은 기간 + ⑧현재까지 근속연수)	28년
⑩	예상 퇴직금 (⑦퇴직 시점 예상 급여 × ⑨총 근속연수)	1억 8,600만 원
⑪	물가상승률(본인 예상)	연평균 3.5%
⑫	물가 환산계수(〈물가 역산표〉 이용)	0.503
⑬	예상 퇴직금의 현재가치 (⑩예상 퇴직금 × ⑫물가 환산계수)	9,350만 원
⑭	퇴직연금 예상 연금액의 현재가치 (예상 퇴직금의 현재가치 ÷ 퇴직연금 수령 기간)	20년간 수령: 연 468만 원 15년간 수령: 연 623만 원 10년간 수령: 연 935만 원 5년간 수령: 연 1,870만 원

〈급여 환산표〉

경과 기간	급여 인상률(연간, 전년대비)		
	4.5%	5.0%	5.5%
19년	2.31	2.53	2.77
20년	2.41	2.65	2.92
21년	2.52	2.79	3.08

184쪽 참고

250만 원(현재 급여) × 2.65(급여 환산계수)

663만 원(퇴직 시점 예상 급여) × 28년(총 근속연수)

〈물가 역산표〉

경과 기간	물가상승률(연간, 전년대비)		
	3.0%	3.5%	4.0%
19년	0.570	0.520	0.475
20년	0.554	0.503	0.456
21년	0.538	0.486	0.439

185쪽 참고

1억 8,600만 원(예상 퇴직금) × 0.503(물가 환산계수)

9,350만 원(예상 퇴직금의 현재가치) ÷ 15년

- 퇴직금을 일시금으로 받지 않고, 매년 분할하여 수령하는 것으로 가정
- 퇴직 후 퇴직연금의 운용수익률은 물가상승률과 동일한 것으로 가정
- 퇴직소득세(퇴직금을 일시금으로 수령 시), 연금소득세(퇴직금을 연금으로 수령 시) 등 고려하지 않음
- 기존의 퇴직금제도 또는 확정급부형(DB형) 퇴직연금에서 지급받게 될 ⑩예상 퇴직금은 위의 방식으로 계산된 것과 큰 차이가 없으나, 확정기여형(DC형) 퇴직연금에서 지급받게 될 ⑩예상 퇴직금은 퇴직 전 퇴직연금의 운용 수익률에 따라 위의 방식으로 계산된 것보다 많거나(운용 수익률 〉 급여 인상률), 같거나(운용 수익률 = 급여 인상률), 적을(운용 수익률 〈 급여 인상률) 수 있음

〈퇴직연금 예상 연금액 계산하기〉

①	현재 나이(만)		세
②	퇴직 나이(본인 예상)		세
③	퇴직까지 남은 기간 (②퇴직 나이 - ①현재 나이)		년
④	현재 급여 (월 평균)	월	만 원
⑤	급여인상률 (본인 예상)	연평균	%
⑥	급여 환산계수 (〈급여 환산표〉 이용)		
⑦	퇴직 시점 예상 급여 (④현재 급여 × ⑥급여 환산계수)	월	만 원
⑧	현재까지 근속연수 (퇴직금 중간 정산 받은 경우 그 이후부터 계산)		년
⑨	총 근속 연수 (③퇴직까지 남은 기간 + ⑧현재까지 근속연수)		년
⑩	예상 퇴직금 (⑦퇴직 시점 예상 급여 × ⑨총 근속연수)		만 원
⑪	물가상승률 (본인 예상)	연평균	%
⑫	물가 환산계수 (〈물가 역산표〉 이용)		
⑬	예상 퇴직금의 현재가치 (⑩예상 퇴직금 × ⑫물가 환산계수)		만 원
⑭	퇴직연금 예상 연금액의 현재가치 (예상 퇴직금의 현재가치 ÷ 퇴직연금 수령 기간)	20년간 수령	연	만 원
		15년간 수령	연	만 원
		10년간 수령	연	만 원
		5년간 수령	연	만 원

※ 표의 내용을 자동으로 계산해볼 수 있는 엑셀시트 자료를 다산북스 홈페이지(www.dasanbooks.com)에 올려두었으니 필요하다면 활용해보기 바란다.

〈급여 환산표〉

경과 기간	급여인상률(연간, 전년대비)									
	3.0%	3.5%	4.0%	4.5%	5.0%	5.5%	6.0%	6.5%	7.0%	7.5%	8.0%
1년	1.03	1.04	1.04	1.05	1.05	1.06	1.06	1.07	1.07	1.08	1.08
2년	1.06	1.07	1.08	1.09	1.10	1.11	1.12	1.13	1.14	1.16	1.17
3년	1.09	1.11	1.12	1.14	1.16	1.17	1.19	1.21	1.23	1.24	1.26
4년	1.13	1.15	1.17	1.19	1.22	1.24	1.26	1.29	1.31	1.34	1.36
5년	1.16	1.19	1.22	1.25	1.28	1.31	1.34	1.37	1.40	1.44	1.47
6년	1.19	1.23	1.27	1.30	1.34	1.38	1.42	1.46	1.50	1.54	1.59
7년	1.23	1.27	1.32	1.36	1.41	1.45	1.50	1.55	1.61	1.66	1.71
8년	1.27	1.32	1.37	1.42	1.48	1.53	1.59	1.65	1.72	1.78	1.85
9년	1.30	1.36	1.42	1.49	1.55	1.62	1.69	1.76	1.84	1.92	2.00
10년	1.34	1.41	1.48	1.55	1.63	1.71	1.79	1.88	1.97	2.06	2.16
11년	1.38	1.46	1.54	1.62	1.71	1.80	1.90	2.00	2.10	2.22	2.33
12년	1.43	1.51	1.60	1.70	1.80	1.90	2.01	2.13	2.25	2.38	2.52
13년	1.47	1.56	1.67	1.77	1.89	2.01	2.13	2.27	2.41	2.56	2.72
14년	1.51	1.62	1.73	1.85	1.98	2.12	2.26	2.41	2.58	2.75	2.94
15년	1.56	1.68	1.80	1.94	2.08	2.23	2.40	2.57	2.76	2.96	3.17
16년	1.60	1.73	1.87	2.02	2.18	2.36	2.54	2.74	2.95	3.18	3.43
17년	1.65	1.79	1.95	2.11	2.29	2.48	2.69	2.92	3.16	3.42	3.70
18년	1.70	1.86	2.03	2.21	2.41	2.62	2.85	3.11	3.38	3.68	4.00
19년	1.75	1.92	2.11	2.31	2.53	2.77	3.03	3.31	3.62	3.95	4.32
20년	1.81	1.99	2.19	2.41	2.65	2.92	3.21	3.52	3.87	4.25	4.66
21년	1.86	2.06	2.28	2.52	2.79	3.08	3.40	3.75	4.14	4.57	5.03
22년	1.92	2.13	2.37	2.63	2.93	3.25	3.60	4.00	4.43	4.91	5.44
23년	1.97	2.21	2.46	2.75	3.07	3.43	3.82	4.26	4.74	5.28	5.87
24년	2.03	2.28	2.56	2.88	3.23	3.61	4.05	4.53	5.07	5.67	6.34
25년	2.09	2.36	2.67	3.01	3.39	3.81	4.29	4.83	5.43	6.10	6.85
26년	2.16	2.45	2.77	3.14	3.56	4.02	4.55	5.14	5.81	6.56	7.40
27년	2.22	2.53	2.88	3.28	3.73	4.24	4.82	5.48	6.21	7.05	7.99
28년	2.29	2.62	3.00	3.43	3.92	4.48	5.11	5.83	6.65	7.58	8.63
29년	2.36	2.71	3.12	3.58	4.12	4.72	5.42	6.21	7.11	8.14	9.32
30년	2.43	2.81	3.24	3.75	4.32	4.98	5.74	6.61	7.61	8.75	10.06
31년	2.50	2.91	3.37	3.91	4.54	5.26	6.09	7.04	8.15	9.41	10.87
32년	2.58	3.01	3.51	4.09	4.76	5.55	6.45	7.50	8.72	10.12	11.74
33년	2.65	3.11	3.65	4.27	5.00	5.85	6.84	7.99	9.33	10.88	12.68
34년	2.73	3.22	3.79	4.47	5.25	6.17	7.25	8.51	9.98	11.69	13.69
35년	2.81	3.33	3.95	4.67	5.52	6.51	7.69	9.06	10.68	12.57	14.79
36년	2.90	3.45	4.10	4.88	5.79	6.87	8.15	9.65	11.42	13.51	15.97
37년	2.99	3.57	4.27	5.10	6.08	7.25	8.64	10.28	12.22	14.52	17.25
38년	3.07	3.70	4.44	5.33	6.39	7.65	9.15	10.95	13.08	15.61	18.63
39년	3.17	3.83	4.62	5.57	6.70	8.07	9.70	11.66	13.99	16.79	20.12
40년	3.26	3.96	4.80	5.82	7.04	8.51	10.29	12.42	14.97	18.04	21.72

〈물가 역산표〉

현재 돈의 가치를 1로 보고, 경과 기간별 물가 상승에 따른 돈의 가치 하락 정도를 표시한 것임. 이를 이용해 미래의 화폐가치를 현재의 물가를 기준으로 환산해 볼 수 있음

경과 기간	물가상승률(연간, 전년대비)						
	2.0%	2.5%	3.0%	3.5%	4.0%	4.5%	5.0%
1년	0.980	0.976	0.971	0.966	0.962	0.957	0.952
2년	0.961	0.952	0.943	0.934	0.925	0.916	0.907
3년	0.942	0.929	0.915	0.902	0.889	0.876	0.864
4년	0.924	0.906	0.888	0.871	0.855	0.839	0.823
5년	0.906	0.884	0.863	0.842	0.822	0.802	0.784
6년	0.888	0.862	0.837	0.814	0.790	0.768	0.746
7년	0.871	0.841	0.813	0.786	0.760	0.735	0.711
8년	0.853	0.821	0.789	0.759	0.731	0.703	0.677
9년	0.837	0.801	0.766	0.734	0.703	0.673	0.645
10년	0.820	0.781	0.744	0.709	0.676	0.644	0.614
11년	0.804	0.762	0.722	0.685	0.650	0.616	0.585
12년	0.788	0.744	0.701	0.662	0.625	0.590	0.557
13년	0.773	0.725	0.681	0.639	0.601	0.564	0.530
14년	0.758	0.708	0.661	0.618	0.577	0.540	0.505
15년	0.743	0.690	0.642	0.597	0.555	0.517	0.481
16년	0.728	0.674	0.623	0.577	0.534	0.494	0.458
17년	0.714	0.657	0.605	0.557	0.513	0.473	0.436
18년	0.700	0.641	0.587	0.538	0.494	0.453	0.416
19년	0.686	0.626	0.570	0.520	0.475	0.433	0.396
20년	0.673	0.610	0.554	0.503	0.456	0.415	0.377
21년	0.660	0.595	0.538	0.486	0.439	0.397	0.359
22년	0.647	0.581	0.522	0.469	0.422	0.380	0.342
23년	0.634	0.567	0.507	0.453	0.406	0.363	0.326
24년	0.622	0.553	0.492	0.438	0.390	0.348	0.310
25년	0.610	0.539	0.478	0.423	0.375	0.333	0.295
26년	0.598	0.526	0.464	0.409	0.361	0.318	0.281
27년	0.586	0.513	0.450	0.395	0.347	0.305	0.268
28년	0.574	0.501	0.437	0.382	0.333	0.292	0.255
29년	0.563	0.489	0.424	0.369	0.321	0.279	0.243
30년	0.552	0.477	0.412	0.356	0.308	0.267	0.231
31년	0.541	0.465	0.400	0.344	0.296	0.256	0.220
32년	0.531	0.454	0.388	0.333	0.285	0.244	0.210
33년	0.520	0.443	0.377	0.321	0.274	0.234	0.200
34년	0.510	0.432	0.366	0.310	0.264	0.224	0.190
35년	0.500	0.421	0.355	0.300	0.253	0.214	0.181
36년	0.490	0.411	0.345	0.290	0.244	0.205	0.173
37년	0.481	0.401	0.335	0.280	0.234	0.196	0.164
38년	0.471	0.391	0.325	0.271	0.225	0.188	0.157
39년	0.462	0.382	0.316	0.261	0.217	0.180	0.149
40년	0.453	0.372	0.307	0.253	0.208	0.172	0.142

· 5단계 ·

노후자금 마련을 위한 투자계획

국민연금과 퇴직연금에 대해 알아봤으니 이제 노후자금 마련을 위해 재무목표를 설정하고, 투자금액을 결정하는 과정에 대해 알아볼 차례다. 이를 위해 현재 35세인 홍길동 씨의 경우를 계속 예로 들어 설명할 것인데, 다음과 같이 몇 가지 가정을 하겠다.

홍길동 씨는

- 정년퇴직 후 적은 돈을 벌더라도 소득활동을 계속 하기를 희망한다.
- 국민연금 수급 연령인 65세 때 은퇴하기를 희망한다.(여기서 은퇴란 소득활동에서 완전히 손을 떼는 시기로 가정)
- 은퇴 후 80세까지(기대수명) 생존하는 것으로 가정한다.

- 현재의 급여는 연 3,000만 원(월 250만 원)이다.
- 은퇴 후 노후소득은 현재의 급여대비 60% 수준인 연 1,800만 원(월 150만 원, 현재의 물가 기준)을 희망한다.
- 국민연금은 65세부터 연 640만 원(월 53만 원, 현재의 물가 기준)을 수령하는 것으로 가정한다.
- 퇴직연금은 65세부터 15년간(80세까지) 수령하기를 희망한다(또는 일시금으로 받은 퇴직금을 65세부터 15년간 분할하여 사용하는 것으로 가정한다.). 예상 연금액은 연 620만 원(월 52만 원, 현재의 물가 기준)으로 가정한다.
- 은퇴 후 국민연금과 퇴직연금의 지급액은 매년 물가상승률만큼 인상되는 것으로 가정하여 연금액의 실질가치가 변함이 없는 것으로 가정한다.
- 물가상승률은 연평균 3.5%로 가정한다.
- 은퇴 후 퇴직연금과 노후자금의 운용수익률은 물가상승률과 동일한 것으로 가정한다.
- 노후자금을 마련하기 위해 지금부터 연평균 7%의 수익률을 기대하고 투자할 계획이다.

재무목표 설정

홍길동 씨가 희망하는 노후소득이 현재의 물가를 기준으로 연 1,800만 원이므로 만약 오늘 65세가 되어 은퇴한다면 80세까지

15년간 총 2억 7,000만 원(= 1,800만 원 × 15년)이 필요하다. 즉, 홍길동 씨가 노후자금 2억 7,000만 원을 손에 쥔 채 오늘 은퇴한다면 향후 15년 동안 균등하게 매년 1,800만 원의 노후소득을 얻을 수 있다는 뜻이다.

홍길동 씨가 노후자금 2억 7,000만 원을 은퇴 후 장판 밑에 깔고 지내지는 않을 것이기 때문에 매년 생활자금을 인출하여 쓰더라도 남은 돈은 무엇엔가 계속 투자되어 수익이 발생할 것이다. 이때 노후자금을 투자하면서 물가상승률과 동일한 연평균 3.5%의 수익률을 얻게 된다면 첫해에는 1,800만 원, 1년 뒤에는 1,860만 원(= 1,800만 원 × 1.035), 5년 뒤에는 2,140만 원, 10년 뒤에는 2,540만 원, 이런 식으로 매년 물가상승률만큼 인상된 금액을 인출하여 생활자금으로 지출할 수 있다.

따라서 15년 동안 균등하게 1,800만 원의 노후소득을 얻을 수 있다는 말은 명목가치(액면가)가 아닌 물가상승에 따른 실질가치를 1,800만 원으로 균등하게 유지할 수 있다고 가정한 것이다. 앞서 국민연금과 동등한 기준에서 퇴직연금의 가치를 비교하기 위해 퇴직연금의 실질가치를 최초의 연금액에 고정시킨 것과 같은 이유 때문에 이런 가정을 한 것이다. 이렇게 가정할 경우 최초의 원금 2억 7,000만 원은 80세가 되면 전부 소진될 것인데, 만약 은퇴 기간 중 노후자금을 투자하면서 매년 물가상승률보다 높은 수익률을 얻게 된다면 노후자금의 소진시기를 80세 이후로 늦출 수 있게 되며, 반대로 물가상승률보다 낮은 수익률을 얻게 된다면 노후자금은 80세 이전에 소진될 것이다.

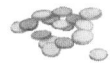

그런데 노후자금 2억 7,000만 원은 현재의 물가를 기준으로 계산된 값이기 때문에 홍길동 씨가 실제로 은퇴하게 될 30년 뒤에는 물가가 많이 올라 이보다 훨씬 많은 노후자금이 필요할 것이다. 따라서 재무목표를 설정하려면 2억 7,000만 원에 물가상승률을 반영하여 30년 뒤 필요한 노후자금이 얼마인지 예상해 봐야 한다. 이를 〈물가 환산표〉를 이용해 계산해 보자. 다음 쪽의 〈물가 환산표〉는 물가상승률 별 환산계수를 보여 준다. 표를 보면 물가상승률이 연 3.5%일 때 경과기간 30년에 해당하는 환산계수는 2.81이다.

〈물가 환산표〉

경과 기간	물가상승률(연간, 전년대비)						
	2.0%	2.5%	3.0%	3.5%	4.0%	4.5%	5.0%
28년	1.74	2.00	2.29	2.62	3.00	3.43	3.92
29년	1.78	2.05	2.36	2.71	3.12	3.58	4.12
30년	1.81	2.10	2.43	2.81	3.24	3.75	4.32
31년	1.85	2.15	2.50	2.91	3.37	3.91	4.54
32년	1.88	2.20	2.58	3.01	3.51	4.09	4.76

이는 2억 7,000만 원에 환산계수 2.81을 곱하면 30년 뒤 물가를 기준으로 환산된 노후자금 총액이 된다는 뜻이다. 결과는 약 7억 6,000만 원이다.

〈30년 뒤 필요한 노후자금 총액〉

2억 7,000만 원(현재의 물가 기준 총액) × 2.81(물가 환산계수) = 7억 6,000만 원

따라서 홍길동 씨는 다음과 같은 재무목표를 설정할 수 있다.

향후 30년 동안 노후자금 7억 6,000만 원 마련

〈물가 환산표〉

경과 기간	물가상승률(연간, 전년대비)						
	2.0%	2.5%	3.0%	3.5%	4.0%	4.5%	5.0%
1년	1.02	1.03	1.03	1.04	1.04	1.05	1.05
2년	1.04	1.05	1.06	1.07	1.08	1.09	1.10
3년	1.06	1.08	1.09	1.11	1.12	1.14	1.16
4년	1.08	1.10	1.13	1.15	1.17	1.19	1.22
5년	1.10	1.13	1.16	1.19	1.22	1.25	1.28
6년	1.13	1.16	1.19	1.23	1.27	1.30	1.34
7년	1.15	1.19	1.23	1.27	1.32	1.36	1.41
8년	1.17	1.22	1.27	1.32	1.37	1.42	1.48
9년	1.20	1.25	1.30	1.36	1.42	1.49	1.55
10년	1.22	1.28	1.34	1.41	1.48	1.55	1.63
11년	1.24	1.31	1.38	1.46	1.54	1.62	1.71
12년	1.27	1.34	1.43	1.51	1.60	1.70	1.80
13년	1.29	1.38	1.47	1.56	1.67	1.77	1.89
14년	1.32	1.41	1.51	1.62	1.73	1.85	1.98
15년	1.35	1.45	1.56	1.68	1.80	1.94	2.08
16년	1.37	1.48	1.60	1.73	1.87	2.02	2.18
17년	1.40	1.52	1.65	1.79	1.95	2.11	2.29
18년	1.43	1.56	1.70	1.86	2.03	2.21	2.41
19년	1.46	1.60	1.75	1.92	2.11	2.31	2.53
20년	1.49	1.64	1.81	1.99	2.19	2.41	2.65
21년	1.52	1.68	1.86	2.06	2.28	2.52	2.79
22년	1.55	1.72	1.92	2.13	2.37	2.63	2.93
23년	1.58	1.76	1.97	2.21	2.46	2.75	3.07
24년	1.61	1.81	2.03	2.28	2.56	2.88	3.23
25년	1.64	1.85	2.09	2.36	2.67	3.01	3.39
26년	1.67	1.90	2.16	2.45	2.77	3.14	3.56
27년	1.71	1.95	2.22	2.53	2.88	3.28	3.73
28년	1.74	2.00	2.29	2.62	3.00	3.43	3.92
29년	1.78	2.05	2.36	2.71	3.12	3.58	4.12
30년	1.81	2.10	2.43	2.81	3.24	3.75	4.32
31년	1.85	2.15	2.50	2.91	3.37	3.91	4.54
32년	1.88	2.20	2.58	3.01	3.51	4.09	4.76
33년	1.92	2.26	2.65	3.11	3.65	4.27	5.00
34년	1.96	2.32	2.73	3.22	3.79	4.47	5.25
35년	2.00	2.37	2.81	3.33	3.95	4.67	5.52
36년	2.04	2.43	2.90	3.45	4.10	4.88	5.79
37년	2.08	2.49	2.99	3.57	4.27	5.10	6.08
38년	2.12	2.56	3.07	3.70	4.44	5.33	6.39
39년	2.16	2.62	3.17	3.83	4.62	5.57	6.70
40년	2.21	2.69	3.26	3.96	4.80	5.82	7.04

투자금액 결정

이제 목표자금 7억 6,000만 원을 마련하기 위해 지금부터 매월 얼마를 투자해야 하는지 141쪽의 〈투자금액 계산표〉를 이용해서 계산해 보자. 수익률이 연평균 4%일 때 투자기간 30년에 해당하는 투자금액은 14,545원이다.

〈투자금액 계산표〉

(단위: 원)

투자기간	수익률(세후, 연복리)									
	3%	4%	5%	6%	7%	8%	9%	10%	11%	12%
28년	19,102	16,326	13,895	11,781	9,953	8,382	7,038	5,895	4,925	4,108
29년	18,136	15,402	13,021	10,963	9,195	7,686	6,405	5,323	4,413	3,650
30년	17,237	14,545	12,215	10,212	8,503	7,054	5,833	4,809	3,955	3,246
31년	16,400	13,750	11,468	9,520	7,869	6,479	5,316	4,348	3,547	2,887
32년	15,620	13,010	10,777	8,883	7,287	5,954	4,847	3,933	3,183	2,569

이는 수익률을 연평균 4%로 가정할 경우 30년 동안 1,000만 원을 마련하기 위해서는 지금부터 매월 14,545원을 투자해야 한다는 뜻이다. 따라서 목표자금이 1,000만 원의 76배인 7억 6,000만 원이니까 이를 마련하기 위해 매월 투자해야 하는 돈은 대략 110만 원임을 알 수 있다.

〈30년 동안 7억 6,000만 원을 마련하기 위해 요구되는 매월 투자금액〉

76(목표자금 배수) × 14,545원(단위 투자금액) = 1,105,420원

같은 방식으로 수익률을 연평균 7%로 가정할 경우 매월 65만 원(646,228원 = 76 × 8,503원)을 투자해야 하고, 수익률을 연평균 10%로 가정할 경우 매월 37만 원(365,484원 = 76 × 4,809원)을 투자하면 홍길동 씨가 은퇴할 때쯤에는 필요한 노후자금을 전부 마련할 수 있다는 계산이 나온다.

〈노후자금을 마련하기 위해 요구되는 매월 투자금액〉

목표자금	투자기간	수익률 (세후, 연복리)	투자금액 (매월)	투자원금 총액 (30년 누계)
7억 6,000만 원	30년	4.0%	110만 원	3억 9,600만 원
		7.0%	65만 원	2억 3,400만 원
		10.0%	37만 원	1억 3,300만 원

홍길동 씨는 노후자금을 마련하기 위해 연평균 7%의 수익률을 기대하고 투자할 계획이므로 매월 65만 원 이상을 투자해야 하는데, 현재의 소득이 월 250만 원인 점을 고려하면 부담이 커 실행하기 어려울 것이다. 하지만, 이때의 투자금액은 국민연금과 퇴직연금을 전혀 고려하지 않은 것이기 때문에 이를 반영해 다시 계산해

보면 부담을 크게 줄일 수 있다. 먼저 국민연금을 반영해서 다시 계산해 보겠다.

홍길동 씨는 국민연금을 65세부터 연 640만 원^(월 53만 원)을 수령할 것으로 예상한다. 따라서 부족한 노후소득은 연 1,160만 원^(= 희망노후소득 1,800만 원 - 국민연금 640만 원)이므로 만약 오늘 65세가 되어 은퇴한다면 80세까지 15년간 총 1억 7,400만 원^(= 1,160만 원 × 15년)이 필요하다. 여기에 물가 환산계수를 곱하여 30년 뒤 필요한 노후자금 총액을 계산해 보면 약 4억 9,000만 원^(= 1억 7,400만 원 × 2.81)이다. 그리고 다시 141쪽의 〈투자금액 계산표〉를 이용해 이 돈을 마련하기 위해 요구되는 투자금액을 계산해 보면 수익률을 연평균 4%로 가정할 경우 매월 71만 원^(712,705원= 49 × 14,545원), 수익률을 연평균 7%로 가정할 경우 매월 42만 원^(416,647원= 49 × 8,503원), 수익률을 연평균 10% 가정할 경우 매월 24만 원^(235,641원= 49 × 4,809원)을 투자해야 한다.

〈국민연금 연 640만 원을 반영한 매월 투자금액〉

목표자금	투자기간	수익률 (세후, 연복리)	투자금액 (매월)	투자원금 총액 (30년 누계)
4억 9,000만 원	30년	4.0%	71만 원	2억 5,600만 원
		7.0%	42만 원	1억 5,100만 원
		10.0%	24만 원	8,600만 원

홍길동 씨는 노후자금을 마련하기 위해 지금부터 연평균 7%의 수익률을 기대하고 투자할 계획이므로 매월 42만 원 이상을 투자해야 한다. 홍길동 씨의 입장에서는 여전히 적지 않은 부담일 수 있지만, 국민연금을 고려하지 않았을 때와 비교하면 상당한 차이가 있음을 알 수 있다. 그러면 이번에는 퇴직연금도 반영해 보겠다.

   홍길동 씨는 퇴직연금을 국민연금 수급 연령인 65세부터 기대수명인 80세까지 15년간 수령하기를 희망하며, 연 620만 원^(월 52만 원)을 받을 것으로 예상한다. 따라서 부족한 노후소득은 연 540만 원^(= 희망노후소득 1,800만 원 - 국민연금 640만 원 - 퇴직연금 620만 원)이므로 만약 오늘 65세가 되어 은퇴한다면 80세까지 15년간 총 8,100만 원^(= 540만 원 × 15년)이 필요하다. 여기에 물가 환산계수를 곱하여 30년 뒤 필요한 노후자금 총액을 계산해 보면 약 2억 3,000만 원^(= 8,100만 원 × 2.81)이다. 그리고 이 돈을 마련하기 위해서는 수익률을 연평균 4%로 가정할 경우 매월 33만 원^(334,535원 = 23 × 14,545원), 수익률을 연평균 7%로 가정할 경우 매월 20만 원^(195,569원 = 23 × 8,503원), 수익률을 연평균 10% 가정할 경우 매월 11만 원^(110,607원 = 23 × 4,809원)을 투자해야 한다.

〈국민연금 연 640만 원과 퇴직연금 연 620만 원을 반영한 매월 투자금액〉

목표자금	투자기간	수익률 (세후, 연복리)	투자금액 (매월)	투자원금 총액 (30년 누계)
2억 3,000만 원	30년	4.0%	33만 원	1억 1,900만 원
		7.0%	20만 원	7,200만 원
		10.0%	11만 원	3,960만 원

홍길동 씨는 노후자금을 마련하기 위해 지금부터 연평균 7%의 수익률을 기대하고 투자할 계획이므로 매월 20만 원 이상을 투자해야 한다. 투자금액에 대한 부담이 국민연금만 반영했을 때에 비해 절반 이하로 줄었고, 국민연금을 반영하지 않았을 때에 비해서는 1/3 이하로 줄었다. 홍길동 씨가 국민연금과 퇴직연금만으로는 충분한 노후소득을 기대하지 못하더라도 노후자금 마련 계획을 세울 때 이 두 가지 연금제도를 결코 무시해서는 안 된다는 사실을 알 수 있다. 따라서 홍길동 씨는 중간정산, 이직, 퇴직 등의 사유로 퇴직금을 조기에 수령하더라도 여윳돈 정도로 생각하고 쉽게 써버려서는 안 될 것이다. 은퇴 전까지 노후자금 목적으로 지속적인 관리를 해야 하며, 부득이 퇴직금을 다른 목적으로 지출해야 하는 사정이 생기더라도 심사숙고하여 매우 신중히 결정해야 할 것이다.

홍길동 씨가 매월 20만 원을 장기간 투자하는 데 부담이 없다면 이대로 실행에 옮기면 된다. 그런데 30년이라는 오랜 세월에 걸쳐 투자해야 한다는 점 때문에 무척 부담스럽게 느껴질 수 있을 것이다. 홍길동 씨의 입장에서는 정년까지 직장생활을 할 수 있을지 확신할 수 없고, 퇴직 후 계속 돈을 벌더라도 소득이 줄게 될 가능성이 크기 때문이다. 게다가 30대 중반이면 노후자금 외에 다른 목적을 위해서도 꾸준히 돈을 모아야 할 시기이고, 아이들이 커가면서 지출도 분명히 늘 것이다. 이런저런 어려움이 있겠지만 20만 원은 투자기간 동안 매월 일정한 금액을 투자하는 것을 전제로 산출된 투자금액이기 때문에 시간이 지날수록 실질적인 부담은 감소하는 것으로 볼 수 있다. 왜냐하면, 물가상승과 소득상승 등을 고려하면 돈의 가치가 하락할 것이기 때문이다.

예를 들어 물가 수준과 비교해 보면 물가상승률을 연 3.5%로 가정할 경우 10년 뒤의 20만 원은 대략 현재의 14만 원과 같은 돈이고, 20년 뒤에는 현재의 10만 원과 같은 돈이 된다. 일정하게 매월 20만 원을 투자하더라도 돈의 가치가 하락하기 때문에 그만큼 실질적인 부담도 꾸준히 감소한다는 뜻이다. 급여 수준과 비교해 보면 현재 20만 원은 홍길동 씨의 급여대비 8%에 해당하지만, 급여 인상률을 연 5%로 가정할 경우 10년 뒤에는 급여대비 5%, 20년 뒤에는 급여대비 3% 수준으로 그 부담 비율이 감소한다. 이처럼 일정한 금액을 투자하더라도 시간이 지날수록 실질적인 부담은 감소하는 효과가 있기 때문에 투자기간에 대해서는 크게 부담스러워하지 않아도 될 것이다.

그럼에도 불구하고 투자기간(납입기간)을 단축하고 싶다면 지금 당장 부담이 증가하더라도 투자금액을 늘려야 한다. 예를 들어 동일한 수익률(연평균 7%) 조건에서 매월 23만 원을 투자하면 투자기간(납입기간)을 20년으로 단축할 수 있고, 27만 원을 투자하면 15년으로 단축할 수 있다. 만약 투자금액을 늘리기 어렵다면 연평균 7%보다 높은 수익률을 기대하고 투자계획을 세워야 할 것이다.

지금까지 홍길동 씨의 노후자금 마련 계획에 대해 살펴보았다. 하지만, 이를 홍길동 씨에게 가장 적합한 투자계획이라고 말할 수는 없다. 왜냐하면, 여러 가지 불확실한 문제들 때문에 홍길동 씨에게 필요한 노후자금은 생각보다 크게 증가할 수 있기 때문이다. 예를 들면 홍길동 씨에게는 다음과 같은 문제들이 있을 수 있다.

- 65세 이전에 은퇴하게 될 수 있다.
- 80세 이상 생존하게 될 수 있다.(근래에는 노후설계 때 기대수명을 85세 또는 90세 이상으로 반영하는 추세이다.)
- 본인 사망 후 배우자 홀로 장기간 생존할 수 있다.

- 국민연금과 퇴직연금의 수령액이 예상보다 적을 수 있다.
- 물가상승률이 예상보다 높을 수 있다.
- 수익률이 예상보다 낮을 수 있다.
- 만성질환, 중대질병 등으로 인해 많은 의료비를 지출하게 될 수 있다.
- 정기적인 노후소득 외에도 예비자금 등 목돈을 보유할 필요가 있다. 등

홍길동 씨가 앞서 설정한 재무목표를 달성하더라도 이런 문제들 때문에 노후자금은 부족해질 수 있다. 따라서 내가 홍길동 씨에게 제시한 노후자금의 규모는 소극적으로 판단한 것이며, 결정된 투자금액도 최저 요구 수준이라고 생각하는 게 좋을 것이다. 물론 처음 투자계획을 세울 때부터 이런 문제들을 최대한 반영하는 게 좋겠지만 그렇게 되면 필요한 노후자금의 규모가 밑도 끝도 없이 커질 수 있기 때문에 실현 가능성이 없는 계획이 되어 버릴 수 있다.

예를 들어 현재 소득이 월 250만 원인 홍길동 씨가 노후자금 마련을 위해 매월 100만 원을 투자해야 한다는 결론을 얻게 된다면 이는 계획이라고 말하기 어렵다. 투자계획을 아무리 정교하게 수립하더라도 실행할 수 없는 것이라면 아무 소용이 없기 때문이다. 따라서 홍길동 씨는 현재의 소득과 저축여력 등을 고려해 실현 가능성이 있는 재무목표를 설정하고, 투자금액을 최종적으로 결정해야

한다. 실행하기 어렵다면 희망하는 노후소득을 낮추거나 은퇴 시기를 더 늦추는 등의 방법으로 재무목표를 수정해서 다시 투자계획을 세워야 한다. 그리고 실행에 옮긴 뒤에는 불확실한 문제들을 보완하기 위해 투자금액을 늘려나가는 노력을 함께해야 할 것이다.

금융상품(투자대상) 선택

투자금액을 결정했다면 이제 어떤 금융상품을 선택해서 투자할 것인지 결정해야 한다. 노후자금 마련 계획은 노후소득 마련 계획이라 볼 수 있다. 따라서 은퇴 전 모아둔 돈을 분할하여 정기적으로 연금을 지급하는 연금상품이 노후자금 마련에 가장 잘 어울리는 금융상품이다. 물론 다른 방법으로 돈을 모으고, 연금이 아닌 다른 형태의 소득을 얻는다고 해서 문제 될 건 없다.

예를 들면 노후자금을 부동산, 유가증권 또는 연금상품 외의 다른 금융상품 등에 투자하여 임대소득, 이자소득, 배당소득 등을 얻는 방법도 생각해 볼 수 있다. 하지만, 이 같은 소득에만 의지해서 긴 노후를 보내려면 그전에 먼저 상당히 많은 노후자금을 마련해야 하는 어려움이 있다. 따라서 빠듯한 수입을 쪼개서 노후자금 마련에 나서야 하는 대부분의 사람들은 우선 연금상품을 통해 기본적인 노후소득을 확보할 필요가 있다. 그런 다음 추후 여유가 된다면 좀 더 풍족한 노후를 보내기 위해 별도의 투자계획을 세워 목돈 마련에 나서는 것이 좋을 것이다. 최소한의 노후소득은 일단 확실히 챙겨 둔 다음에 그 이상의 다른 것을 얻기 위해 노력하자는 뜻으로 이해해도 좋다.

연금상품의 종류는 운용의 주체에 따라 연금신탁(은행), 연금펀드(자산운용사), 연금저축보험(생명보험사, 손해보험사), 연금보험(생명보험사) 등으로 구분할 수 있다. 그리고 범위를 조금 넓게 보면 연금전환이 가능한 일부 저축성보험(생명보험사)도 연금상품에 포함할 수 있다.

연금신탁, 연금펀드, 연금저축보험은 투자기간 중 납입금에 대해 소득공제 혜택이 있는 대신 연금을 수령할 때 소득세를 내야 한다. 반면에 연금보험과 연금전환이 가능한 저축성보험은 소득공제 혜택이 없는 대신 가입 후 10년이 지나면 연금을 수령할 때 소득세를 내지 않는다. 투자기간 중 소득공제를 받고, 연금 수령 기간 중 소득세를 내는 것과 소득공제를 받지 않고, 연금 수령 때 소득세를 내지 않는 것 중 어떤 방식이 더 유리한 지는 쉽게 단정을 지어 말할 수 없다. 왜냐하면, 가입자 개인의 투자기간 중 소득(소득세율), 환급받은 소득세의 재투자 여부, 은퇴 후 국민연금과 퇴직연금 등을 포함한 실제 연금수령액, 은퇴 후 연금 이외의 종합소득 유무, 향후 세법의 변화 등 다양한 요인에 의해 달라질 수 있는 문제이기 때문이다. 다만, 세금 문제(절세전략)가 투자결정 때 중요한 부분인 것은 분명하지만 단순하게 보면 이는 결국 소득세를 지금 내느냐 나중에 내느냐의 차이기 때문에 연금상품을 선택할 때 가장 중요한 판단 기준이 될 수는 없다.

〈연금상품의 종류〉

운용주체에 따른 연금상품		소득공제	연금소득 과세	종신연금 지급기능	투자위험	기대수익
은행	연금신탁	○	○	×	저	저
자산운용사	연금펀드	○	○	×	다양	다양
생명보험사	연금저축보험	○	○	○	저	저
	연금보험	×	×	○	다양	다양
손해보험사	연금저축보험	○	○	×	저	저

연금상품을 선택할 때는 다른 무엇보다 다음의 2가지를 먼저 살펴볼 필요가 있다.

- 종신연금을 수령할 수 있는가?
- 재무목표 달성에 요구되는 수익률을 기대할 수 있는가?
  (또는 자신의 위험성향에 적합한가?)

❶ **종신연금을 수령할 수 있는가?**

연금상품은 공통적으로 연금 수령 기간을 5년, 10년, 15년, 20년 등 가입자가 원하는 대로 정할 수 있으며, 처음 가입할 때 정한 것과는 상관없이 연금 지급이 개시되기 전에 최종적으로 결정할 수 있다. 그런데 이 기간을 정하는 문제가 생각만큼 단순하지가 않다. 왜냐하면, 은퇴 후 생존기간을 예측하기가 어렵기 때문이다.

예를 들면 앞서 홍길동 씨의 경우 65세 때 은퇴하여 80세까지 생존하는 것으로 가정하여 노후자금 마련 계획을 세웠기 때문에 재무목표 역시 65세부터 15년간 연금을 수령하는 것을 전제로 설정된 것이다. 따라서 계산대로라면 홍길동 씨가 재무목표를 달성하더라도 80세 이상 생존하게 되면 이때부터는 연금을 한 푼도 받지 못하게 되는 문제가 생긴다. 현재 시점에서 홍길동 씨가 이 문제를 조금이라도 해소할 수 있는 방법은 80세 이상 생존하는 것으로 가정하여 새롭게 투자계획을 세우는 것이다. 하지만, 그렇더라도 문제는 여전히 남는다. 연금이 언젠가 바닥난다는 사실은 변함이 없기 때문이다.

만약 홍길동 씨가 실제로 은퇴할 시기에 이런 점을 불안하게 생각한다면 매월 받는 연금액이 적어지더라도 연금 수령 기간을 애초 계획했던 것보다 길게 연장할까 고민하게 될 것이다. 이때 가장 오랜 기간 연금을 받을 수 있는 방법은 90세든, 100세든 살아 있는 동안 종신토록 연금을 수령하는 것인데, 이는 생명보험사의 연금상품에만 있는 기능이다.

따라서 홍길동 씨가 종신연금 수령이 가능한가 여부를 가장 중요한 선택 기준으로 생각한다면 생명보험사의 연금저축보험, 연금보험, 연금전환이 가능한 저축성보험 등을 선택해야 한다. 종신연금을 수령하게 되면 일정 기간을 정해서 연금을 받을 때에 비해 매월 수령하는 연금액이 적어지는 문제가 있지만 아무리 오래 살아도 연금이 바닥나지 않는 장점이 있으며, 이는 연금상품으로서 다른 무엇과도 비교할 수 없는 이점이다.

사실 노후자금 마련 계획을 단순한 목돈 마련 계획 정도로만 생각한다면 상품을 선택하는데 별로 고민할 게 없을 수도 있다. 하지만, 그렇지 않기 때문에 문제다. 연금상품은 기본적으로 노후에 장기생존의 위험을 보장해 줄 수 있어야 한다. 장기생존의 위험이란 말 그대로다. 80세까지 살 줄 알고, 준비된 노후자금을 전부 써버렸는데, 85세, 90세까지 살게 된다면 그만큼 힘든 일도 없을 것이다.

이런 점 등을 생각하면 은퇴 후 가진 돈을 짧고 굵게 쓰기보다는 가늘고 길게 쓰기 위해 노력하는 게 현명한 판단일 것이다. 따라서 평소 노후자금 마련을 위해 투자하는 돈 중 일부라도 종신연금을 수령할 수 있는 연금상품에 투자할 필요가 있다.

홍길동 씨가 지금 당장은 종신연금 지급 기능이 중요치 않다고 생각하더라도 막상 은퇴하여 연금을 수령할 때가 되면 이에 대한 선택권이 있고 없고의 차이는 중요한 문제가 될 수 있기 때문에 처음 상품을 선택할 때 신중히 판단해야 할 것이다. 다만, 종신연금을 수령하던 중 조기에 사망하게 되면 일정 기간을 정해서 연금을 받을 때에 비해 수령하는 연금 총액이 적어지는 단점이 있으며, 일단 종신연금 지급이 시작되면 계약을 중도에 해지할 수 없기 때문에 잔여 지급액을 일시금으로 찾을 수 없는 제약도 따른다. 따라서 실제로 은퇴할 때가 되어 연금 수령 방법을 최종적으로 결정할 때는 처음 상품을 선택할 때만큼이나 여러 가지 고민할 문제가 생길 것이다. 하지만, 만약 홍길동 씨가 종신연금 지급 기능이 중요치 않다고 생각하거나 다른 방법으로 문제를 해결할 수 있다고 생각한다면 꼭 생명보험사의 연금상품을 선택할 필요는 없다.

가입 시점, 전환 시점에 따라 달라지는 연금 수령액

연금저축보험, 연금보험 등 생명보험사의 연금상품은 대부분 종신연금 지급액을 계산할 때 가입 시점의 평균수명을 적용하지만, 연금전환이 가능한 저축성보험은 가입 시점이 아닌 연금전환 시점의 평균수명을 적용한다. 평균수명이 연장 추세이기 때문에 상품의 다른 장단점을 배제하고, 종신연금 지급 기능만 놓고 비교한다면 가입 시점의 평균 수명을 적용하는 연금상품이 연금전환이 가능한 저축성보험보다 유리하다. 왜냐하면, 종신연금 지급액 계산에 적용하는 평균수명이 길수록 그만큼 연금 지급액이 적어지기 때문이다. 다만, 최근 모 생명보험사에서 연금보험이 아님에도 가입 시점의 평균수명을 적용하여 종신연금으로 전환해주는 변액유니버설보험을 출시한 것을 보면 향후 이러한 차이도 모호해질 수 있을 것 같다.

❷ 재무목표 달성에 요구되는 수익률을 기대할 수 있는가?

연금상품도 결국 금융상품의 한 종류이기 때문에 어떤 상품을 선택하는가에 따라 감수해야 하는 위험과 기대수익률이 달라질 수밖에 없다. 따라서 재무목표 달성에 요구되는 수익률과 자신의 위험성향 등을 고려해 신중히 선택해야 한다.

연금상품은 운용 방식에 따라 채권형과 주식형으로 구분할 수 있는데, 채권형 연금상품은 원금이 보존되거나 손실 가능성이 작고, 시장금리 수준의 수익률을 기대할 수 있다. 반면에 주식형 연금상품은 위험이 큰 대신 높은 수익률을 기대할 수 있다.

연금신탁, 연금저축보험은 기본적으로 채권형 연금상품으로 보면 된다. 따라서 시장금리 수준의 수익률을 기대할 수 있다.

연금펀드는 채권에 투자하는 채권형 연금펀드, 주식에 투자하는 주식형 연금펀드, 채권과 주식에 섞어서 투자하는 혼합형 연금펀드 등으로 다시 구분할 수 있다. 따라서 각 연금펀드의 운용 방식에 따라 위험과 기대수익률이 달라진다.

연금보험도 공시이율로 운용되는 연금보험(금리연동형), 일반 펀드처럼 채권과 주식에 투자하여 실적을 배당하는 변액연금보험 등으로 다시 구분할 수 있다. 따라서 각 연금보험도 운용 방식에 따라 위험과 기대수익률이 달라진다.

이처럼 종신연금 지급 기능과 기대수익률 등을 고려해 자신의 투자계획에 적합한 연금상품을 선택해야 한다. 예를 들어 홍길동 씨가 종신연금 지급 기능을 가장 중요한 선택 기준으로 생각한다고 가정해 보자. 이때는 생명보험사의 연금상품을 고려해야 하는데, 안정성을 추구하면서 금리 수준의 수익률을 기대하고 투자할 계획이라면 연금저축보험이나 연금보험(금리연동형) 등을 선택해야 하고, 위험이 증가하더라도 금리보다 높은 수익률을 기대하고 투자할 계획이라면 변액연금보험이나 연금전환이 가능한 변액유니버설보험 등을 선택해야 한다.

이번에는 홍길동 씨가 종신연금 수령 기능을 중요치 않게 생각하여 생명보험사의 연금상품을 고려 대상에서 제외했다고 가정해 보자. 이때는 금리 수준의 수익률을 기대하고 투자할 계획이라면 연금신탁, 채권형 연금펀드 등을 선택해야 하고, 위험이 증가하더라도 금리보다 높은 수익률을 기대하고 투자할 계획이라면 혼합형 연금펀드, 주식형 연금펀드 등을 선택해야 한다. 또는 운용 방식이 서로 다른 복수의 연금상품을 선택해서 분산 투자를 할 수도 있다. 다만, 연금신탁, 연금펀드, 연금저축보험 등의 소득공제 합산 한도가 현재 연 300만 원(월 25만 원, 확정기여형 퇴직연금의 본인 부담금과 합산)이기 때문에 이를 초과하는 납입금에 대해서는 소득공제를 받지 못하는 문제가 생긴다. 이런 경우 한도를 초과하는 금액은 소득공제 혜택은 없지만, 연금 수령 때 소득세를 내지 않아도 되는 생명보험사의 연금보험에 납입하는 것에 대해서도 고려해 볼 수 있을 것이다.

　금융회사별로 판매하는 연금상품의 가짓수가 워낙 많기 때문에 금융업에 종사하지 않는 일반인들에게는 선택하는 일이 어렵게 생각될 수 있다. 하지만, 상품의 수가 아무리 많아도 결국 앞서 말한 연금상품의 범주에서 크게 벗어나지 않기 때문에 금융회사 한두 곳에서 판매하는 연금상품의 특징과 장단점을 충분히 이해한다면 다른 금융회사에서 판매하는 여러 연금상품을 이해하는데도 어려움이 없을 것이다. 앞에서도 비슷한 언급을 했지만, 만약 연금상품을 스스로 선택하는데 어려움을 느낀다면 혼자 고민하지 말고 은행, 증권사, 보험사, 재무설계회사 등에서 근무하는 여러 전문가를 만나서 도움을 받는 게 좋을 것이다. 그렇다고 그들에게 판단을 의지해서 선택하라는 뜻이 아니다. 이런 노력을 하다 보면 연금상품을 이해하고, 장단점을 비교하는 안목이 자연히 생길 것이기 때문에 그렇게 해보라는 것이다. 이런 노력은 아무리 많이 해도 지나칠 게 없다.

　지금까지 노후자금 마련 계획에 대해 구구절절 이야기했지만 사실 나는 노후준비를 위해 돈을 모으는 일보다 훨씬 더 중요한 게 있다고 생각한다. 그것은 다름 아닌 은퇴 시기를 최대한 늦추기 위해 노력하는 것이다. 당신은 노후에 직업을 갖는 것과 돈을 갖는 것 중 하나만 선택하라면 어떤 것을 택하겠는가? 나는 직업을 택하겠다. 남들의 눈에 근사해 보이지 않더라도 현업에서 물러난 뒤 평생 즐기면서 일할 수 있는 직업을 갖게 된다면 그보다 더 훌륭한 노후준비는 없을 것으로 생각하기 때문이다.

게다가 노후에 완전히 은퇴하지 않고, 50만 원이든 100만 원이든 계속 돈을 벌 수 있다면 필요한 노후자금을 전부 모으지 못했더라도 크게 걱정할 일도 없을 것이다. 그런데 노후에 하기 싫은 일을 돈 때문에 억지로 하고 싶은 사람은 아무도 없다. 적은 돈을 벌더라도 즐겁게 할 수 있는 일을 찾아서 하고 싶을 것이다. 하지만, 당장 내일 퇴직하거나 은퇴하면서 오늘 그런 직업을 갖기는 어렵다. 일찍부터 계획하고, 틈틈이 준비해 온 사람만이 그런 행운을 얻게 될 것이다. 당신에게 그런 행운이 찾아와 주기를 기원한다.

돈 많으면 뭐해, 하루 여섯 끼 먹나?

일흔네 살의 나이에 서울 회현동 2가 명동 입구에서 구둣집 부스를 열고 있는 예창기 씨. 그의 구두닦이 경력은 의외로 짧았다.

"여기서 이거 한 지는 한 4년 된 거 같은데?"

한국 전쟁 때 부모를 잃고 초등학교도 졸업 못한 18살 소년이 서울로 올라와 할 수 있는 것은 어깨에 구두통을 메고 거리로 나서는 일밖에 없었다. 삶이 어려운 시절, '아이스케키'파는 일부터 호떡 장사, 남의 집 운전기사까지 먹고사는 일이라면 닥치는 대로 했다. 그러고 보니 정작 구두닦이 일을 한 건 1년 정도밖에 안 됐다. 그 일을 70살에 다시 시작한 것.

"그래도 내가 손재주는 타고난 거 같아. 옛날부터 뭐 고장 나면 내가 다 고쳤으니까. 자동차 엔진도 직접 고쳤는데. 이 일 정도야 기술이라고 할 수도 없지. 금방 다 기억나더라고."

20년 전 부인을 잃고 지금은 아들 부부와 같이 산다는 예씨는 지금이 인생에서 제일로 행복하다고 한다.

"애들 다 커서 부양할 일도 없고. 그냥 나 혼자 벌어서 내 용돈 하고, 먹고 싶은 거 먹고, 담배 한 갑 피우고, 부족한 게 없어 좋아. 돈 많으면 뭐해. 하루 여섯 끼 먹나?"

지금도 소주 한 병을 마셔도 끄떡없다는 예씨는 매일 경기도 파주 집에서 첫차를 타고 나와 새벽 6시30분이면 어김없이 부스 문을 연다.

"노는 건 습관이 안 돼서 못 놀아. 그냥 여기서 일해야 시간도 잘 가거든. 이 나이에 일할 수 있다는 게 고마워."

인생의 황혼기가 가장 행복하다는 예씨. 평생을 일하면서 흘린 땀방울이 그에게 가져다준 대가였다.

출처: 한겨레21, 2010년 4월 12일 제805호, 윤운식 기자

· 6단계 ·
노후자금 마련을 위한 투자계획 세우기

※ 이 과정에 의해 산출된 결과로 불확실한 미래의 상황을 정확히 예측할 수는 없습니다. 독자들이 직접 투자계획을 수립하는데 어려움이 없도록 계산 과정을 최대한 단순화했으며, 결과에 영향을 미치는 일부 변수의 값을 제한된 조건하에 (결과가 크게 왜곡되지 않는 범위 내에서) 별도의 설명 없이 저자가 임의로 적용했음을 알립니다. 그리고 은퇴 나이와 퇴직연금 수급연령을 국민연금 수급연령과 일치시키지 않을 경우에는 제시된 다음의 방식에 의해 노후자금 마련 계획을 세우는데 무리가 있으므로, 다른 방식으로 노후자금 마련 계획을 세우려 한다면 재무설계사 등 관련 전문가와 상의하기 바랍니다.

〈홍길동 씨 사례 예시〉

①	현재 나이 (만)	35세
②	은퇴 나이 (국민연금 수급연령)	65세
③	기대 수명 (본인 예상)	80세
④	은퇴까지 남은 기간 (②은퇴 나이 - ①현재 나이)	30년
⑤	은퇴 후 생존 기간 (③기대 수명 - ②은퇴 나이)	15년
⑥	희망 노후소득 (현재가치)	연 1,800만 원
⑦	국민연금 예상 연금액 (국민연금공단 홈페이지 조회, 현재가치)	연 640만 원
⑧	퇴직연금 예상 연금액 (예상 퇴직금의 현재가치 ÷ ⑤은퇴 후 생존 기간)	연 620만 원	← 9,350만 원(예상 퇴직금의 현재가치) ÷ 15년(은퇴 후 생존기간) 예상 퇴직금의 현재가치는 앞서 퇴직 연금 부분에서 계산한 값임
⑨	부족한 노후소득 (⑥희망 노후소득 - ⑦국민연 금 - ⑧퇴직연금, 현재가치)	연 540만 원	← 1,800만 원(희망 노후소득) - 640만 원(국민연금) - 620만 원(퇴직연금)
⑩	필요한 노후자금 총액 (⑨부족한 노후소득 × ⑤은퇴 후 생존기간, 현재가치)	8,100만 원	← 540만 원(부족한 노후소득) × 15년 (은퇴 후 생존 기간)
⑪	물가상승률 (본인 예상)	연평균 3.5%
⑫	물가 환산계수 (〈물가 환산표〉 이용)	2.81
⑬	목표자금 (⑩필요한 노후자금 총액 × ⑫물가 환산계수)	2억 3,000만 원	← 8,100만 원(필요한 노후자금 총액) × 2.81(물가 환산계수)
⑭	기대 투자수익률 (본인 예상)	연평균 7.0%
⑮	1,000만 원 당 단위 투자금액 (〈투자금액 계산표〉 이용)	매월 8,503원
⑯	목표자금 배수 (⑬목표자금 ÷ 1,000만 원)	23	← 2억 3,000만 원(목표자금) ÷ 1,000만 원
⑰	목표자금 마련을 위한 투자금액 (⑯목표자금 배수 × ⑮단위 투 자금액)	매월 195,569원	← 23(목표자금 배수) × 8,503원(단위 투자금액)

〈노후자금 마련 계획 세우기〉

①	현재 나이(만)		세
②	은퇴 나이(국민연금 수급연령)		세
③	기대 수명(본인 예상)		세
④	은퇴까지 남은 기간 (②은퇴 나이 - ①현재 나이)		년
⑤	은퇴 후 생존 기간 (③기대 수명 - ②은퇴 나이)		년
⑥	희망 노후소득(현재가치)	연	만 원
⑦	국민연금 예상 연금액 (국민연금공단 홈페이지 조회, 현재가치)	연	만 원
⑧	퇴직연금 예상 연금액 (예상 퇴직금의 현재가치 ÷ ⑤은퇴 후 생존 기간)	연	만 원
⑨	부족한 노후소득 (⑥희망 노후소득 - ⑦국민연금 - ⑧퇴직연금, 현재가치)	연	만 원
⑩	필요한 노후자금 총액 (⑨부족한 노후소득 × ⑤은퇴 후 생존기간, 현재가치)		만 원
⑪	물가상승률(본인 예상)	연평균	%
⑫	물가 환산계수(〈물가 환산표〉 이용)		
⑬	목표자금 (⑩필요한 노후자금 총액 × ⑫물가 환산계수)		만 원
⑭	기대 투자수익률 (본인 예상)	연평균	%
⑮	1,000만 원 당 단위 투자금액 (〈투자금액 계산표〉 이용)	매월	원
⑯	목표자금 배수 (⑬목표자금 ÷ 1,000만 원)		
⑰	목표자금 마련을 위한 투자금액 (⑯목표자금 배수 × ⑮단위 투자금액)	매월	원

※ 표의 내용을 자동으로 계산해볼 수 있는 엑셀시트 자료를 다산북스 홈페이지 (www.dasanbooks.com)에 올려두었으니 필요하다면 활용해보기 바란다.

〈물가 환산표〉

경과 기간	물가상승률(연간, 전년대비)						
	2.0%	2.5%	3.0%	3.5%	4.0%	4.5%	5.0%
1년	1.02	1.03	1.03	1.04	1.04	1.05	1.05
2년	1.04	1.05	1.06	1.07	1.08	1.09	1.10
3년	1.06	1.08	1.09	1.11	1.12	1.14	1.16
4년	1.08	1.10	1.13	1.15	1.17	1.19	1.22
5년	1.10	1.13	1.16	1.19	1.22	1.25	1.28
6년	1.13	1.16	1.19	1.23	1.27	1.30	1.34
7년	1.15	1.19	1.23	1.27	1.32	1.36	1.41
8년	1.17	1.22	1.27	1.32	1.37	1.42	1.48
9년	1.20	1.25	1.30	1.36	1.42	1.49	1.55
10년	1.22	1.28	1.34	1.41	1.48	1.55	1.63
11년	1.24	1.31	1.38	1.46	1.54	1.62	1.71
12년	1.27	1.34	1.43	1.51	1.60	1.70	1.80
13년	1.29	1.38	1.47	1.56	1.67	1.77	1.89
14년	1.32	1.41	1.51	1.62	1.73	1.85	1.98
15년	1.35	1.45	1.56	1.68	1.80	1.94	2.08
16년	1.37	1.48	1.60	1.73	1.87	2.02	2.18
17년	1.40	1.52	1.65	1.79	1.95	2.11	2.29
18년	1.43	1.56	1.70	1.86	2.03	2.21	2.41
19년	1.46	1.60	1.75	1.92	2.11	2.31	2.53
20년	1.49	1.64	1.81	1.99	2.19	2.41	2.65
21년	1.52	1.68	1.86	2.06	2.28	2.52	2.79
22년	1.55	1.72	1.92	2.13	2.37	2.63	2.93
23년	1.58	1.76	1.97	2.21	2.46	2.75	3.07
24년	1.61	1.81	2.03	2.28	2.56	2.88	3.23
25년	1.64	1.85	2.09	2.36	2.67	3.01	3.39
26년	1.67	1.90	2.16	2.45	2.77	3.14	3.56
27년	1.71	1.95	2.22	2.53	2.88	3.28	3.73
28년	1.74	2.00	2.29	2.62	3.00	3.43	3.92
29년	1.78	2.05	2.36	2.71	3.12	3.58	4.12
30년	1.81	2.10	2.43	2.81	3.24	3.75	4.32
31년	1.85	2.15	2.50	2.91	3.37	3.91	4.54
32년	1.88	2.20	2.58	3.01	3.51	4.09	4.76
33년	1.92	2.26	2.65	3.11	3.65	4.27	5.00
34년	1.96	2.32	2.73	3.22	3.79	4.47	5.25
35년	2.00	2.37	2.81	3.33	3.95	4.67	5.52
36년	2.04	2.43	2.90	3.45	4.10	4.88	5.79
37년	2.08	2.49	2.99	3.57	4.27	5.10	6.08
38년	2.12	2.56	3.07	3.70	4.44	5.33	6.39
39년	2.16	2.62	3.17	3.83	4.62	5.57	6.70
40년	2.21	2.69	3.26	3.96	4.80	5.82	7.04

〈투자금액 계산표〉

* 목표자금 1,000만 원을 마련하기 위해 요구되는 매월 투자금액 (단위: 원)

투자기간	수익률(세후, 연복리)								
	3%	4%	5%	6%	7%	8%	9%	10%	11%	12%
1년	820,067	815,764	811,519	807,329	803,194	799,112	795,083	791,106	787,178	783,300
2년	403,974	399,884	395,863	391,907	388,016	384,189	380,423	376,717	373,070	369,481
3년	265,317	261,329	257,421	253,590	249,835	246,153	242,544	239,005	235,534	232,130
4년	196,018	192,104	188,282	184,548	180,902	177,340	173,860	170,460	167,139	163,893
5년	154,463	150,612	146,864	143,217	139,668	136,214	132,852	129,581	126,397	123,299
6년	126,780	122,986	119,307	115,741	112,283	108,931	105,682	102,533	99,481	96,523
7년	107,024	103,284	99,671	96,181	92,812	89,558	86,418	83,387	80,462	77,639
8년	92,222	88,533	84,984	81,569	78,285	75,128	72,094	69,177	66,376	63,685
9년	80,722	77,084	73,597	70,256	67,056	63,993	61,061	58,257	55,576	53,013
10년	71,535	67,946	64,519	61,250	58,133	55,162	52,332	49,638	47,074	44,636
11년	64,029	60,488	57,122	53,924	50,888	48,008	45,277	42,691	40,241	37,924
12년	57,784	54,291	50,984	47,856	44,900	42,109	39,476	36,995	34,657	32,457
13년	52,509	49,063	45,815	42,756	39,879	37,176	34,639	32,260	30,032	27,946
14년	47,996	44,597	41,407	38,417	35,618	33,001	30,558	28,279	26,157	24,181
15년	44,092	40,740	37,608	34,685	31,963	29,431	27,080	24,899	22,880	21,011
16년	40,684	37,378	34,303	31,447	28,801	26,352	24,091	22,006	20,086	18,321
17년	37,684	34,424	31,405	28,616	26,044	23,677	21,504	19,512	17,689	16,024
18년	35,024	31,809	28,846	26,122	23,624	21,338	19,251	17,349	15,620	14,050
19년	32,650	29,481	26,573	23,914	21,488	19,281	17,277	15,464	13,825	12,347
20년	30,519	27,395	24,542	21,947	19,592	17,462	15,541	13,812	12,261	10,871

➡ 계속

(단위: 원)

투자기간	3%	4%	5%	6%	7%	8%	9%	10%	11%	12%
21년	28,597	25,517	22,719	20,187	17,902	15,848	14,007	12,361	10,893	9,588
22년	26,855	23,819	21,076	18,605	16,390	14,410	12,646	11,079	9,693	8,468
23년	25,269	22,278	19,587	17,179	15,031	13,123	11,435	9,946	8,636	7,488
24년	23,821	20,873	18,236	15,887	13,806	11,969	10,354	8,939	7,704	6,629
25년	22,493	19,588	17,003	14,715	12,699	10,931	9,387	8,044	6,880	5,875
26년	21,271	18,410	15,877	13,647	11,695	9,995	8,520	7,246	6,150	5,210
27년	20,144	17,326	14,844	12,673	10,783	9,148	7,740	6,533	5,502	4,625
28년	19,102	16,326	13,895	11,781	9,953	8,382	7,038	5,895	4,925	4,108
29년	18,136	15,402	13,021	10,963	9,195	7,686	6,405	5,323	4,413	3,650
30년	17,237	14,545	12,215	10,212	8,503	7,054	5,833	4,809	3,955	3,246
31년	16,400	13,750	11,468	9,520	7,869	6,479	5,316	4,348	3,547	2,887
32년	15,620	13,010	10,777	8,883	7,287	5,954	4,847	3,933	3,183	2,569
33년	14,889	12,321	10,136	8,294	6,753	5,475	4,422	3,560	2,857	2,287
34년	14,205	11,677	9,540	7,749	6,262	5,038	4,036	3,223	2,565	2,037
35년	13,563	11,076	8,985	7,245	5,810	4,637	3,686	2,919	2,304	1,815
36년	12,960	10,513	8,468	6,777	5,394	4,271	3,367	2,645	2,071	1,617
37년	12,393	9,985	7,985	6,344	5,009	3,935	3,077	2,397	1,861	1,441
38년	11,858	9,489	7,534	5,940	4,655	3,627	2,813	2,173	1,673	1,284
39년	11,353	9,023	7,113	5,566	4,327	3,344	2,573	1,971	1,504	1,145
40년	10,876	8,585	6,718	5,217	4,023	3,085	2,353	1,787	1,353	1,021

| 에필로그 |
통장에 꿈을 담자

　전작인 《4개의 통장》을 발행한 후 크고 작은 강연회를 통해 많은 독자들을 만났다. 한번은 강연이 끝나고 나서 한 여성 분이 5살 딸 아이의 손을 잡고 내게 다가와 그동안 돈 관리를 잘하지 못한다는 생각 때문에 고민이 많았는데, 책을 읽고 자신감을 얻었다는 말을 전했다. 그리고 자신이 만든 4개의 통장을 내게 직접 보여주고 싶어 가져 왔다며, 가방에서 통장 4개를 꺼내 들었다. 각 통장에는 급여통장, 소비통장, 예비통장, 투자통장이라고 쓰인 견출지가 한 장씩 반듯이 붙어 있었다. 한 손에는 딸의 손을 잡고, 다른 한 손에는 4개의 통장을 들고 있던 그분의 모습이 좀처럼 잊혀지지 않는다. 그리고 똘망한 눈으로 수줍게 나를 바라보던 5살 여자 아이의 모습은 1년이 지난 지금도 사진을 찍어둔 듯 나의 기억에 선명히 남아 있다. 이런 일도 있었다. 한 중년의 여성 분은 고등학생인 딸과 함께 강연회에 참석했다. 자신은 가진 재산이 많지 않기 때문에 딸에게 물려 줄 것은 없지만, 그 대신 딸 스스로 지혜를 얻는 법을 가르치기 위해 평소 노력하고 있으며, 이런 이유 때문에 나의 강연회에 딸과 함께 왔다는 말을 전했다. 그때 느꼈던 감동의 깊이를 말로 표현할 길이 없다.

이렇게 내가 쓴 책이 많은 사람들에게 도움을 주고 있다는 사실을 직접 확인할 때마다 가슴이 두근거린다. 그리고 책의 저자로서 얻을 수 있는 최고의 가치가 바로 이런 게 아닐까 하는 생각을 하게 된다. 이 책 역시 독자들의 삶에 작은 도움이 되어 주기를 소망한다.

《4개의 통장 2》는 한 아이의 아빠로서 내가 지닌 생각과 경험을 정리한 책이다. 책을 쓰는 동안 지내온 시간을 돌아보니 그동안 내가 살아오면서 가장 잘한 일은 아이가 태어난 순간부터 지금까지 사랑한다는 표현을 아끼지 않고 해준 일이라는 생각이 든다. 때로는 야단치고, 종아리를 때려 울리기도 하지만 그 순간이 지나면 언제 울었느냐는 듯 웃으며 내게 매달리는 아이가 고맙다. 나는 이런 아이에게 내가 대학에 다니면서 겪었던 경제적인 어려움을 물려주게 될 가능성을 싹조차 키우고 싶지 않다. 아이를 나약하거나 오만하게 키울 생각은 전혀 없지만 한창 공부하고, 꿈을 찾아야 할 시기에 생활정보지나 인터넷을 뒤지며, 아르바이트 구인광고를 찾느라 고심하는 아이의 모습은 상상도 하기 싫다. 그렇기 때문에 일찍부터 아이의 대학자금 마련 계획을 세우고, 실행에 옮긴 것이다. 이렇듯 아이의 통장에는 내가 아빠로서 갖고 있는 소박한 꿈이 담겨 있다.

세상에 꿈보다 더 강한 실천 동기가 있을까? 나는 없다고 생각한다. 또한, 아이의 대학자금 마련, 노후자금 마련, 내 집 마련, 사업자금 마련 등 투자목적 하나하나에 자신의 꿈을 담았을 때 그것은 곧 선명한 목표가 된다고 생각한다. 그리고 선명한 목표, 현실성 있는 계획, 미루지 않는 실행, 이 3가지 조건이 시계의 톱니바퀴처럼 맞물려 돌아간다면 언젠가 꿈은 하나 둘 이루어지리라 믿는다. 물론 모든 게 쉽지만은 않을 것이다. 쉽지 않기 때문에 사람들이 꿈을 이룬 순간 그렇게 행복해 보이는 게 아닐까?

이 책을 통해 내가 제시한 투자계획 수립 과정은 꿈을 숫자로 구체화하고 통장에 담기 위한 과정이다. 꿈이 빠진 투자계획은 숫자놀음에 지나지 않기 때문에 실행의지가 생기지 않으며, 실행을 해도 오래 지속하지 못한다. 실행하지 않는데 꿈이 이루어질 리 없다. 그러니 이제부터 자신이 가진 통장 하나하나에 꿈을 담아 보자. 그리고 꿈을 이룬 뒤 웃고 있는 자신의 모습을 상상해 보자. 실행의지가 생길 것이고, 중간에 힘들어 쉬어갈 수는 있어도 결코 포기하지는 못할 것이다. 버는 돈이 너무 적어서, 실직을 해서, 빚이 많아서, 가족이 아파서, 형편이 안 좋아서 당장 통장에 담을 수 있는 돈이 많지 않더라도 꿈은 원하는 만큼 가득 담을 수 있다. 지금 이 순간 삶의 무게 때문에 힘겹더라도 제발 용기를 잃지 않았으면 좋겠다.

책을 쓰는 동안 도움을 주신 조미정님, 정효선님, 박중환님, 오동준님, 허영진님, 최윤호님, 김순용님, 김양현님, 김진희님, 박소희님, 유운용님, 이종구님, 한완희님, 이근혁CFP님, 최태원CFP님, 신진혜CFP님 감사드립니다. 최근 어려운 일을 겪으신 다산북스의 김선식 사장님과 직원 분들께도 위로와 감사의 말씀을 드립니다. 지혜로운 아내와 개구쟁이 딸에게 사랑을 전합니다.

독자 분들의 가정에 신의 축복이 가득하고, 사랑스러운 아이들이 건강하고 밝게 자라기를 진심으로 기원합니다.

2010년 9월, 고경호

평범한 엄마 아빠들이 아이의 대학자금을 만드는 가장 빠른 시스템

4개의 통장 2

초판 1쇄 인쇄 2010년 9월 6일
초판 17쇄 발행 2017년 12월 21일

지은이 고경호
펴낸이 김선식

경영총괄 김은영
콘텐츠개발1팀장 한보라 **콘텐츠개발1팀** 임보윤, 이주연, 박인애, 전은혜
마케팅본부 이주화, 정명찬, 이보민, 최혜령, 이승민, 김은지, 배시영, 유미정, 기명리
전략기획팀 김상윤
저작권팀 최하나, 이수민
경영관리팀 허대우, 권송이, 윤이경, 임해랑, 김재경, 한유현

펴낸곳 다산북스 **출판등록** 2005년 12월 23일 제313-2005-00277호
주소 경기도 파주시 회동길 357 3층
전화 02-702-1724(기획편집) 02-6217-1726(마케팅) 02-704-1724(경영관리)
팩스 02-703-2219 **이메일** dasanbooks@dasanbooks.com
홈페이지 www.dasanbooks.com **블로그** blog.naver.com/dasan_books
종이 (주)한솔피앤에스 **출력·인쇄** (주)갑우문화사

ⓒ 2010, 고경호

ISBN 978-89-6370-294-0 (03320)

• 책값은 뒤표지에 있습니다.
• 파본은 구입하신 서점에서 교환해드립니다.
• 이 책은 저작권법에 의하여 보호를 받는 저작물이므로 무단 전재와 복제를 금합니다.

다산북스(DASANBOOKS)는 독자 여러분의 책에 관한 아이디어와 원고 투고를 기쁜 마음으로 기다리고 있습니다. 책 출간을 원하는 아이디어가 있으신 분은 이메일 dasanbooks@dasanbooks.com 또는 다산북스 홈페이지 '투고원고'란으로 간단한 개요와 취지, 연락처 등을 보내주세요. 머뭇거리지 말고 문을 두드리세요.

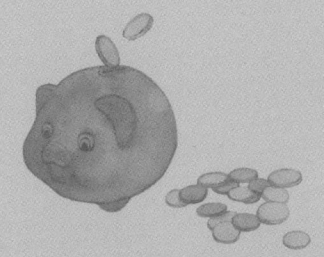